뛰어난 언어능력의 소유자는
어떻게 탄생하는가

어린이 언어지능의 세계

주경복 지음

한울림

들어가는 글

미래 세대에게 필요한 지성적 언어능력

AI시대가 요구하는 언어능력은 단순히 기능적인 차원의 의사소통을 넘어선다. 한 차원 높은 수준의 지능과 지성이 필요하다.

옥스퍼드-예일 대학 공동연구진은 2017년에 예사롭지 않은 발표를 한 적이 있다. 2024년에는 사람보다 언어능력이 더 뛰어난 인공지능이 개발되고 2049년 즈음에는 사람처럼 말하고 행동하는 자율형 로봇들이 등장할 것으로 전망한 것이다. 그런데 2024년 이전부터 챗GPT 같은 생성형 인공지능들이 나타나 놀라운 언어능력을 뽐내고 있다. 여러 언어를 자유자재로 오가며 어려운 인어 과제도 쉽고 빠르게 해결해 준다.

이처럼 오늘날 디지털 언어 수단이 우리 일상생활에 깊이 파고들어 친숙하게 공존하고 있다. 성능도 날로 좋아져 모국어든 외국어든 듣고 말하고 읽고 쓰는 문제의 상당 부분을 AI가 담당한다. 웬만한 문제는 사람보다 더 잘 해결한다.

지금 태어나고 자라나는 어린이와 청소년은 새로운 시대에 'AI 원주민'으로 살아갈 것이다. 과거의 사고방식으로 교육을 생각하면 시대착오를 범하게 된다. 새로운 패러다임에서는 새로운 언어능력을 요구하기 때문이다.

초지능 사회에서 넘쳐나는 언어 데이터를 비판적으로 분석하여 효과적으로 활용할 줄 알아야 한다. 새로운 지식을 창의적인 언어로 생산하여 의미 있는 가치를 창출하는 능력도 요구된다. 아울러 전 세계 커뮤니케이션 무대에서 공신력 있는 주체가 되어 인적·문화적 환경을 구축하고 활용할 수도 있어야 한다.

그러기 위해서는 디지털 정보의 통어 능력, 비판적 사고력, 창의성, 공감 능력, 문화적 감수성, 문제해결 능력, 윤리 의식, 시대적·문명적 정체성, 사회변혁 의식 등을 갖춰야 한다. 정보와 지식과 문화의 심층 관리에 필요한 언어지능도 필요하다. 이 모든 것은 인간 고유의 지능을 바탕으로 하는 정신 능력들이다.

초지능 정보화 시대를 살아가는 어린이와 청소년들에게 필요한 지성적 언어능력을 구체적으로 살펴보면 다음과 같다.

- **비판적 언어사고** 넘쳐나는 정보를 비판적으로 통찰하며 가려서 활용한다.
- **지능적 문해력** 지적 콘텐츠를 유능하게 읽고 쓰며 생산적으로 관리한다.
- **창의적 언어사고** 문제를 새로운 시각으로 접근하며 독창적으로 해결한다.
- **감성적 언어지능** 사람들과 공감력 있게 소통하고 연대하며 문제를 해결해 나간다.
- **사회적 언어지능** 사회적 삶의 구조를 통찰하며 주체성 있게 지성적으로 언어를 활용한다.
- **윤리적 언어지능** 문명과 인간과 사회의 합리적 관계에 관해 윤리적으로 이해하며 소통한다.
- **범문화적 소통 능력** 국제무대에서 여러 나라 언어와 문화를 이해하며 시대 흐름에 맞게 소통한다.
- **변혁적 언어사고** 시대의 흐름을 성찰하면서 바람직한 변혁의 방향에서 담론하고 실천한다.

앞으로는 언어의 '기능'보다 언어 관련 '지능'이 더 중요해진다. 대학입시 평가 방식도 그런 방향으로 바뀌고 있다. 초·중·고 교육도 마찬가지다. 그렇다고 언어의 기능 자체를 소홀히 할 수는 없다. 듣고 말하는 담화력과 읽고 쓰는 문해력을 갈고닦는 것은 기본이다. 여기서 한 걸음 더 나아가 시대의 흐름에 잘 대응하기 위한 지성적 언어능력을 갖춰야 한다.

지성적 언어능력은 시대의 흐름에 뒤처지지 않기 위해서도 필요하지만, 그 흐름에 예속되지 않기 위해서도 필요하다. 기술 문명의 환경 속에서 '디지털 좀비'로 전락하지 않고 주체적인 삶을 살아가기 위해서다.

미래 세상을 일구어갈 주인공으로서 어린이와 청소년의 언어지능 세계를 이해하는 일은 의미가 크다. 그들이 새로운 시대를 바람직한 방향으로 개척하며 지성적 언어문화를 발전시켜 나가는 데 중요한 역할을 할 것으로 기대하기 때문이다. 모쪼록 이 책이 그런 소중한 여정에 쓸모 있는 길잡이가 되기를 바란다.

주경복

차례

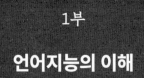

1부

언어지능의 이해

언어에는 오묘한 구석이 있다.

우리에게 너무나 친숙해서 평소 의식하지 못하지만

알아볼수록 신비롭기까지 하다.

사람이 언어에 얼마나 의존하며 살아가는지 알면

진실로 놀라게 된다.

언어는 단지 의사소통하는 수단에만 그치지 않는다.

사고력을 발현하고 감정을 표현하고 사람들과 유대를 맺게 한다.

세상을 이해하며 문제를 해결하는 능력의 자원이 된다.

"언어의 한계가 세계의 한계"라는 비트겐슈타인의 말처럼

사람은 언어지능의 수준만큼 세상을 이해하며 살아간다.

언어지능이란 어떤 것인가

언어는 지적 능력의 제1 원소다. 인간을 다른 동물과 구별 짓는 가장 지능적인 자질이다. 언어지능은 그냥 지능이 아니다. 지능 중의 지능으로 모든 지능의 견인차 같은 역할을 한다. 언어지능이 잘 발달해야 다른 지적 능력들도 함께 좋아진다.

흔히 지능이라고 하면 IQ를 먼저 떠올린다. 그 점수가 140점대를 넘어서면 머리가 상당히 좋다고들 말한다. IQ 검사에는 여러 항목이 있는데 핵심은 언어, 수리, 추론 능력 등을 측정하는 것이다. 언어가 가장 중요한 부분을 차지하고 다른 능력에도 두루 관여한다. 물론 IQ 검사로 사람의 지능을 온전히 파악할 수는 없다. 사람의 지능은 훨씬 다양한 요소로 복잡하게 이루어져 있기 때문이다.

교육심리학자 가드너 Howard Gardner는 다중지능 이론을 내놓으며 인간의 지능을 일곱 가지(언어·논리수학·음악·신체운동·공간·인간친화·자아성찰)로 분류했다가 나중에 두 가지(자연친화·실존)를 추가하여 총 아홉 가지 지능을 제시했다. 그중 첫째가는 지능 역시 언어지능이다. 오늘날 지능을 이야기할 때 어떤 학자든지 언어를 첫손으로 꼽는다. 언어지능이먼저고, 추가되는 지능에 차이가 있을 뿐이다. 그만큼 언어가 사람의 지능에서 큰 몫을 차지하면서 중요하다는 뜻이다.

언어지능과 언어능력

이토록 중요한 언어지능을 우리는 어떻게 소유할 수 있을까? 행동주의 심리학자 스키너 B.F. Skinner는 영유아 시기 주변 사람들을 모방하며 언어를 학습한다고 주장했다.[1] 사람들이 만들어내는 언어 자극에 반응하면서 후천적으로 언어를 배운다는 것이다. 그는 언어능력을 특별한 지능의 차원에서 보지 않고, 단지 자극에 반응하여 나타나는 일반 행동의 차원으로 인식했다.

이와 달리 생성문법 이론을 창시한 언어학자 촘스키 Noam Chomsky는 스키너의 주장을 비판하며 다른 가설을 제시했다.

아이가 자라는 동안 모든 언어 규칙을 완벽하게 자극받을 수는 없어서 '자극의 빈곤'이 생길 수밖에 없음에도 불구하고 타고나는 언어능력 덕분에 입력받지 못한 것들까지 스스로 터득하여 언어를 온전하게 습득할 수 있다는 '생득설'을 주장한 것이다.[2]

촘스키는 선천적으로 타고나는 언어능력을 언어지능과 거의 같은 의미로 사용했다. 누구나 '보편문법' 형태의 지식 구조를 언어능력으로 지니고 태어나는데, 그것이 '언어습득장치'와 같아서 어릴 때 적당한 언어 자극을 마중물처럼 제공하면 자연적으로 언어 전체를 온전하게 습득한다는 논리다. 언어능력을 단순한 자극과 반응의 경험에서 얻어지는 결과라고 설명하는 행동주의 이론보다 촘스키의 이성주의적 이론이 더 설득력을 얻으며 많은 지지를 받았지만, 이후 새로운 반론들이 제기되면서 논쟁이 이어지고 있다.

사실 촘스키의 주장처럼 날 때부터 완벽한 장치로 완성된 언어지능을 지니고 태어난다고 보기는 어렵다. 사람마다 능력 차이가 있고 환경의 영향을 받으며 노력하기에 따라 결과가 달라지기 때문이다. 이와 관련해 촘스키는 생활 속에서 언어를 사용하는 일을 따로 구분하여 '언어수행'이라고 불렀다. 무의식에 잠재하는 언어능력을 현실에서 구체적으로 사용하는 것이 언어수행이고, 거기에서 개인차가 생긴다는 것이다. 언어능력은 모든 인간에게 완전한 조건으로 공통되고, 언어수행은 언어집단과 개인에 따라 다르다는 것이 그의 주장이다.

그런데 사람들은 보통 언어능력과 언어수행을 구분하지 않는 편이다. 삶에서 실제로 언어 활용하는 능력을 두고 흔히 '언어능력'이라고 뭉뚱그려 말한다. 그런 막연한 상식으로는 언어지능, 언어능력, 언어수행이 각각 어떤 차이가 있으며 서로 어떤 관계에 있는지 이해하기 힘들다. 스키너와 촘스키 외의 여러 학자가 제시하는 이론들까지 종합해볼 때 각각의 개념을 다음과 같이 정리할 수 있다.

먼저 지능이란 '어떤 문제를 만날 때 그것을 이해하면서 해결하는 정신 능력'을 말한다. 따라서 그 개념 속에 이미 능력이라는 의미가 들어있다. 지능도 본래 능력의 일부인 것이다. 여러 능력 가운데 하나가 지능이고, 지능 중에서도 중요한 것이 언어지능이다. 그리고 그 언어지능을 실제 삶에서 여러모로 활용하는 능력이 언어수행이다. 이렇듯 언어지능과 언어수행은 둘 다 언어능력이면서 서로 다른 국면에서 기능한다.

언어수행은 언어지능의 도움을 받아서 발현된다. 언어지능 없이는 언어를 잘 수행할 수 없다. 훌륭한 언어수행 능력을 발휘하려면 언어지능부터 잘 발달시켜야 한다. 효과적으로 언어를 수행하다 보면 그 능력이 다시 지능 발달로 이어지기도 한다. 그런데 촘스키는 아쉽게도 이 점을 고려하지 않았다. 언어능력의 표상으로서 보편문법이 완전하다고 믿는 바람에 언어수행이 언어지능으로 되먹임한다는 사실을 간과한 것이다.

요컨대 언어의 지능과 수행이 모두 능력에 포함되고, 언어수행은 언어지능의 도움을 받아 이루어지며, 효과적으로 언어를 수행할 때 언어지능이 더 발달한다. 즉 언어능력으로서 언어지능과 언어수행은 서로 맞물려 돌아가는 관계로 함께 성장한다.

사고의 수단이자 동력으로서 언어지능

다소 전문적인 관점에서 언어지능은 언어기호를 운용하는 능력이다. 기호란 어떤 것을 대신하여 그 내용을 표현하는 수단이다. 예를 들어 교통신호에서 초록 신호등은 직진하라는 의미로 통한다. 마찬가지로 '사랑'이라는 말은 어떤 사람이나 사물을 좋아하면서 소중하게 여기는 마음을 표현한다. 이를 '♡'이라는 그림으로 표현할 수 있고, 손이나 팔로 하트 모양을 만들어 표현할 수도 있다. 이처럼 사람은 여러 가지 기호를 사용하는데, 그중에서 언어기호가 가장 정교하다.

기호는 무엇인가를 대신한다는 점에서 상징의 역할도 한다. 태극기가 한국을 상징하는 것처럼 '사과'라는 낱말은 과일의 한 종류를 상징한다. 이렇게 언어가 기호와 상징의 역할을 하려면 사고작용이 필요하다. 무엇이 무엇을 대신하여 어떤 내용을 나타내는지, 그것을 어떻게 표현하는지 알아야 언어기호를 사용할 수 있다. '하늘'을 영어에서는 'sky'라고 하고, 프랑스어에서는 'ciel'이라고 표현하듯이 언어마다 관습적으로 다르게 표현한다는 것도 이해해야 한다.

언어는 자의적인 관습의 기호 체계다. 언어마다 그것을 사용하는 사회 구성원들의 사고방식에 맞게 그들의 관습을 반영한다. 친족의 서열을 중요하게 여기는 한국에서는 아버지의 형제를 큰아버지, 작은아버지, 삼촌 등으로 나누어 부르지만, 영어에서는 모두 'uncle'이라고 부른다. 이렇게 언어는 사회의 문화를 반영한다. 사고하는 방식이 문화를 낳고, 그 문화의 특성에 맞게 언어를 기호화하여 사용하고, 그런 언어기호를 통해 사람들은 사고한다. 한마디로 의사소통과 사고의 수단인 언어는 거꾸로 의사소통과 사고방식에 영향을 미친다. 어떤 언어를 어떻게 사용하는지에 따라 사고방식과 사고의 수준이 달라진다. 누군가 말하는 것을 들어보면 그가 어떤 사고방식을 가진 사람인지 짐작할 수 있다. 좋은 언어를 풍부하고 정교하게 배워서 올바로 활용할수록 사고의 역량이 바람직하게 발달한다. 언어지능은 그렇게 사고력 발달의 동력을 제공한다.

지적 능력의 발달을 이끄는 언어지능

인지심리학과 발달심리학의 선구자 중 한 사람인 비고츠키Lev Vygotsky는 언어가 사고력을 발달시키는 원동력이라는 점을 이론으로 구체화했다. 아이가 태어나서 처음에는 사고와 언어가 따로 발달하지만, 모국어가 자리를 잡으면서부터 언어와 사고가 서로 결합하여 불가분의 관계를 맺는다. 생각도 언어로 하게 된다. 이를 '언어적 사고'라고 한다.

막연히 머릿속에 떠오르는 생각을 그냥 두면 시간이 흐르면서 금방 사라져 버리지만, 그것을 언어로 표현하면 내용이 구체화되어 더 잘 기억할 수 있고, 남에게도 잘 전달할 수 있다. 기호와 상징으로서 언어는 사고를 돕는 결정적 수단이다. 언어적 사고를 잘하면 정신 활동의 능력이 높아진다. 이것을 비고츠키는 고등 정신이라고 했다. 그는 언어가 바로 고등 정신의 발달을 이끄는 도구라고 보았다.

언어로 사고를 발달시키는 과정은 지식을 학습하는 일과 같다. '수증기'라는 말을 배울 때는 수증기에 관한 기본 지식을 무의식적으로 학습한다. 수증기가 뭔지 알아야 수증기라는 말을 제대로 사용할 수 있기 때문이다. 어떤 언어 요소들을 얼마나 알고 어떻게 사용하는지에 따라 언어능력이 결정될 뿐 아니라 지적 능력에도 결정적인 영향을 미친다. 언어 지능이 잘 발달하는 만큼 생각을 잘하고 공부도 잘하고 삶의 여러 활동도 잘할 수 있다.

언어를 통해 학습하는 수준이 높아지면 추상적인 메타언어 지능이 발달한다.[3] '메타언어'란 언어를 대상으로 삼아 한 차원 더 높게 기호화하는 언어를 말한다. 언어기호 자체가 무언가를 대신하는 기호인데, 그 언어기호를 다시 기호화하는 추상적 사고 차원의 언어가 바로 메타언어인 것이다. 예를 들어 문법을 학습할 때 '내포문'이라거나 '관계절'이라는 용어는 복합문에 나타나는 언어 현상을 기호화하는 언어다.

우리가 학습하는 대부분은 이런 메타언어 활동에 해당한다. 사칙연산, 미적분, 뉴턴의 법칙, 민주주의를 학습하는 것은 그것에 관해 언어로 설명할 수 있는 내용을 배우는 것이기 때문이다. 따라서 메타언어 수준이 높아질수록 학습 수준 역시 높아진다.

그런 메타언어는 추상성이 높아서 그것을 학습하고 사용

하는 과정에서 여러 가지 변인이 개입할 가능성이 크다. 자칫하면 잘못된 지식과 관념이 스며들어 지능을 왜곡할 수 있는 것이다. 그렇기에 어린이와 청소년이 성장하는 과정에서 이런 문제를 잘 해결하면서 언어지능이 올바르게 발달하도록 노력해야 한다.

이렇게 언어와 맞물려 발달하는 사고력은 모든 지적 활동을 비롯하여 우리 삶 전체에 영향을 미친다. 올바로 언어지능이 발달하는 만큼 어린이와 청소년의 지적 성장을 바람직하게 돕는다. 초·중·고·대학으로 이어지는 학교교육은 물론이고, 성인 이후에 계속되는 평생교육과 사회교육까지 모든 교육활동을 이끈다. 삶에서 어떤 문제를 만나든지 언어적 사고로 지적 능력을 발현하며 유능하게 풀어나갈 수 있도록 돕는다. 언어지능은 모든 지적 능력의 발달을 이끄는 견인차 역할을 하기 때문이다.

언어지능의 차이는 왜 생길까

성장하는 어린이를 보면 참으로 경이롭다. 언어를 따로 가르쳐주지 않아도 스스로 배운다. 그 어린 나이에 복잡한 자연언어 하나를 통째로 유창하게 습득한다. 언어의 마법사 같다. 그런데 이 마법의 힘이 아이마다 다르다. 어떤 아이는 또래보다 유창한 언어 실력을 자랑하며 배움도 잘 성취한다. 반면에 어떤 아이는 언어 습득에 어려움을 겪으며 알게 모르게 불이익을 당하고, 커서도 그 여파가 이어진다. 왜 그럴까?

유전과 환경과 교육의 영향

부모로부터 어떤 유전자를 물려받고 어떤 환경에서 어떻

게 배우는지에 따라 언어지능이 달라진다. 그런데 유전과 관련하여 신체조건 같은 생물학적 기질은 부모의 영향이 크다는 사실에 많은 사람이 공감하지만, 지능 같은 정신 능력도 그런지에 대해서는 전문가들 사이에서도 의견이 상당히 엇갈린다.

인간이 타고나는 유전인자 대부분은 모든 사람에게 공통된다. 개인차는 아주 작다. 학자들은 99.9% 같고, 0.1% 정도 다르다고 본다. 그 작은 차이도 얼굴 생김새 같은 데서 꽤 다른 결과를 낳는다. 다른 동물과 비교하면 다 비슷한 인간이지만 사람들끼리 서로 비교하면 그 차이가 적잖이 크게 느껴지고는 한다. 하지만 유전의 영향은 생각만큼 결정적이지 않다. 어떤 환경에서 어떻게 성장하는지에 따라 결과는 얼마든지 달라질 수 있기 때문이다.

심지어 유전적인 부분까지 후천적 요인에 의해 바뀌기도 한다. 예를 들어 난독증이 있는 부모는 그 자녀 역시 난독증으로 고생할 확률이 40%나 되는데 어릴 때부터 효과적인 방법으로 읽기 능력을 획득하고 나면, 나중에 자기 자녀에게는 난독증을 물려주지 않을 확률이 높아진다. 그렇게 후천적으로 유전의 조건이 변하는 것을 '후성유전 epigenetics'이라고 한다.

유전체의 DNA 속에 있는 유전자와 히스톤이라는 단백질이 어울려 유전 작용하는데, 그로 인해 나타나는 결과를 유전의 '표현형'이라고 한다. 같은 유전자를 지녔어도 어떤 환경에서 성장하느냐에 따라 표현형이 달라질 수 있다. 똑같은 유전자를 지닌 일란성 쌍둥이라도 서로 헤어져 다른 환경에서 성장하면 각자의 유전자 형질들이 여건에 따라 억제되거나 촉진되면서 표현형이 달라지는 것이다.

이때 유전 분자의 기능이 억제되는 작용을 '메틸화', 활성화하며 촉진하는 작용을 '아세틸화'라고 한다. 당연히 해로운 유전 요소를 메틸화하고, 유익한 요소를 아세틸화하는 것이 좋을 것이다. 그런데 성장 환경에 따라 반대의 일도 흔하게 일어난다. 어떤 조건을 경험하는지에 따라 메틸화와 아세틸화가 바뀌면서 표현형의 결과가 달라지는 것이다. 그래서 요즘 후성유전학 연구가 큰 주목을 받고 있다. 지능에 결정적인 영향을 미치는 것이 유전(본성)인지, 경험(환경과 양육)인지를 두고 논쟁이 벌어지기도 하는데, 이를 '본성'과 '양육'의 논쟁이라고 한다.

언어지능의 발달에서 환경과 교육이 중요한 이유는 또 있다. 유전형질의 변화와 상관없이 우리 뇌는 일정한 조건이 부여되면 스스로 변화할 수 있기 때문이다. 이를 '신경 가소성'이라고 한다. '가소성'이란 어떤 자극을 계속 가할 때 그 대상이 변화하는 현상인데 뇌 신경에도 가소성이 있다. 예전에는 뇌가 유전되기 때문에, 또 나이가 들어 굳어지고 나면 절대 변하지 않는다고 알려졌었다. 그러나 현대 신경과학이 뇌 신경에 가소성이 있다는 사실을 밝혀냈다. 뇌에 자극을 꾸준히 가하면 신경이 반응하면서 변화를 일으킨다는 것이다. 물론 뇌가 무조건, 무한정 변화하는 것은 아니고 일정한 조건과 범위의 제약을 받는다. 그런 가소성은 어릴 때일수록 크고 민감하다. 나이를 먹고 나서는 적합한 방식으로 꾸준하게 더 많이 노력해야만 일정한 범위 안에서 변화한다. 청소년기를 넘어서면 점차 둔감해져 변화의 가능성이 줄어든다.

결론적으로 말해서 유전이 지능에 영향을 미치는 것은 사실이지만, 개인차가 벌어지는 데는 환경과 교육이 더 중요하게 관여한다. 마찬가지로 언어지능 발달에 있어 유전적 영향을 아예 무시할 수 없지만, 그보다는 누구나 타고나는 언어지능의 씨앗을 어떻게 싹틔우고 꽃피우느냐가 더 중요한 것이다.

어린 시절 언어 환경의 중요성

나이가 어릴수록 환경이 지능 발달에 영향을 크게 미친다. 성장기에는 조금만 노력해도 큰 효과를 얻을 수 있는 반면에 성인이 되고 나면 들이는 노력에 비해 얻을 수 있는 성과가 적다. 어린 시절 환경과 교육의 중요성을 강조할 수밖에 없는 이유가 여기에 있다.

소설가 버로스 E. R. Burroughs가 창작한 가상의 캐릭터 타잔은 사람의 말을 하지 못한다. 짐승처럼 행동하며 짐승들과 의사소통한다. 왜 그럴까? 인간 언어의 환경과 교육이 없어서 성장기에 필요한 언어 자극을 전혀 받지 못했기 때문이다.

실존 인물 중에도 타잔과 같은 사례들이 꽤 있다. 그중 하나인 1800년 프랑스 남부의 아베롱이라는 산골 마을에서 발견된 '늑대 소년'처럼 말이다. 발견 당시 12세쯤으로 짐작됐던 소년은 타잔처럼 야생에서 생활했고, 인간의 말도 하지 못했다. 사람들은 그에게 빅토르Victor라는 이름을 지어주고, 사회생활에 적응시키려 다방면으로 노력했지만 쉽지 않았다. 언어를 공들여 가르쳐줘도 제대로 배우지 못했다. 결국 그는 1828년에 일찍 삶을 마감했다.

이런 사례를 통해 어릴 적 언어 환경이 무척 중요하다는 사실을 새삼 확인할 수 있다. 그래서 어떤 사람들은 영유아기에 언어를 습득해야 하고, 그 시기를 놓치면 제대로 된 언어능력을 가질 수 없다고 주장하기도 한다. 이를 '결정적 시기 가설'이라고 한다. 그러나 요즘 대부분의 학자는 이런 가설에 전적으로 동의하지 않는다. 신체 기능의 발달 조건 중에는 반드시 지켜야 하는 결정적 시기가 꽤 존재하지만, 정신적 기능인 언어는 꼭 그렇다고 볼 수 없기 때문이다.

어릴 때만 언어를 습득할 수 있는 것이 아니다. 빅토르가 언어를 제대로 배우지 못한 이유도 꼭 나이 때문만은 아닐 것이다. 문화적 문제가 더 컸을 수도 있다. 외국어 습득에서 흔히 보듯이 문화적 환경이 갖춰지면 성인이 되어서도 새로운 언어를 유창하게 습득하는 예가 적지 않다. 물론 성장기가 언어 발달에서 상대적으로 유리하다는 점은 모두 인정한다. 영유아기에만 언어를 습득할 수 있고 그때를 놓치면 불가능하다는 이야기는 너무 극단적인 주장이지만, 어린 시절 환경과 교육이 무척 중요하다는 사실은 누구도 부인하지 않는다.

언어지능 차이를 낳는 구체적 사례

어린 시절 언어 환경의 중요성을 이해하는 데서 의미 있게 참고할 만한 자료가 있다. 캔자스 대학의 하트 교수와 라슬리 교수는 아동의 언어 실태를 조사하여 충격적인 결과를 발표했었다.[4] 가정형편이 어린이의 어휘력 발달에 큰 영향을 미친다는 사실을 구체적인 데이터로 내놓았기 때문이다. 생후

36개월 된 아이들이 사용하는 어휘의 수를 조사했더니 다음 그래프에서 보는 것처럼 부모의 사회계층에 따라 차이가 크게 나는 것으로 나타났다.

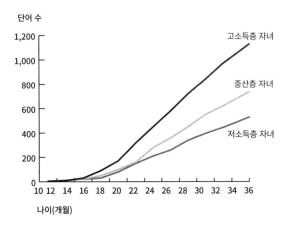

조사 결과 고소득층 자녀가 평균 1,116단어를 사용하고, 중산층 자녀는 749단어, 저소득 빈곤층 자녀는 525단어를 사용하는 것으로 나타났다. 그 연장선에서 모국어가 안정되는 4세까지, 아이들이 접하고 사용하는 단어 수를 모두 합산하여 비교해 보았더니 저소득층 자녀들이 고소득층 자녀보다 무려 3,200만 단어나 적었다. 가정형편이 아이의 어휘력 발달에 커다란 영향을 미치며, 시간이 지날수록 점점 격차가 벌어진다는 사실이 구체적인 수치로 입증된 것이다. 이 연구 결과가 발표된 이후 사회계층에 따른 어휘력 차이를 '3,000만

단어 격차'라고 부르게 되었다.[5]

어휘력은 언어지능 발달에서 중요한 요소다. 다수의 연구 결과에서 어휘력과 지능지수의 상관관계가 높다는 사실을 확인했다. 사람이 기억으로 간직하는 단어들을 '심성 어휘집'이라고 하는데, 머릿속에 들어있는 사전이라 할 수 있다. 그런 심성 어휘집이 풍부해야 언어지능이 잘 발달한다. 보통 1세 무렵에 단어 몇 개 정도 말하는 것을 시작으로 2세 전후로 300~500단어를 사용하고, 3~4세 때 1,000단어를 넘어서고, 5세 즈음에 2,000~3,000단어를 사용한다. 그 뒤로 꾸준히 성장하여 2만 단어 이상의 어휘력을 갖추면, 모국어의 98% 가량을 소화할 수 있다. 듣고 말하고 읽고 쓰는 것이 그다지 불편하지 않게 된다. 이렇게 단계를 차근차근 밟아가며 어휘력을 충실하게 갖추면 나이에 맞게 남의 말을 잘 알아듣고, 말하고 싶은 것을 잘 표현하고, 책을 읽거나 글을 쓸 때도 나름의 능력을 발현할 수 있다.

부모가 많이 배우고 경제적으로 여유 있는 가정의 자녀는 풍부한 언어를 접하면서 자랄 확률이 높다. 반대로 형편이 어려워서 나날이 살아가기 바쁜 가정의 자녀는 그렇지 못할 가능성이 크다. 그 결과로 어휘력에서 부익부 빈익빈 현상이 나타나고, 이는 교육에서 '마태 효과'로 이어진다. 처음에는 작은 격차였던 게 복리 이자가 붙듯이 점점 더 격차가 벌어지는 것이다. 다시 말해 풍부한 어휘력을 갖춘 아이는 학업 성취에도 가속도가 붙지만, 어휘력이 부족한 아이는 학습에 점점 불리해지면서 낙오되기 쉽다.

미국에서는 어휘력 격차 문제를 중요한 이슈로 다루고 있다. 그래서 여러 단체와 기관들이 네트워크를 구성하여 '언어 격차 해소 운동'도 펼치고 있다. 영유아기 언어 환경의 중요성을 홍보하면서 가정형편 때문에 아이를 돌보는 데 어려움을 겪는 부모들을 다양한 방법으로 돕는다. 다른 나라들에서도 마찬가지로 국가 차원의 활동이 필요해 보인다. 한국처럼 인구가 적고, 단일언어문화 가정의 비율이 높은 조건에서는 같은 노력으로도 훨씬 좋은 효과를 거둘 수 있을 것이다.

어릴 때 풍부한 언어 환경에 노출되면 어휘력, 학업성취도, IQ, 창의력이 높아진다는 사실은 다수의 연구에서 데이터로 입증해왔다. 그러므로 어린이의 충실한 언어 발달을 위해 가정에서의 노력과 더불어 '기울어진 운동장'처럼 불평등한 여건을 해결할 사회적 방안도 함께 마련해야 한다. 영유아기에는 가정과 교육기관에서 부모와 교사가 언어 환경을 잘 조성하고, 학령기 때는 교우관계나 학교생활을 통해 아이가 주도적으로 좋은 언어 자극을 받아들일 수 있도록 돕는 교육여건을 만들어줘야 한다.

언어지능의 성장 조건

존 스튜어트 밀J. S. Mill은 19세기 영국의 유명 철학자이자 경제학자이면서 정치·사회 이론가이기도 하다. 그는 3~4세 때부터 뛰어난 언어지능을 드러내서 사람들을 놀라게 했다. 8세 무렵에는 어른들도 어려워하는 그리스어와 라틴어 고전을 읽기 시작했고, 14세 때는 그리스어 원문으로 아리스토텔레스 탐구에 심취하기도 했다. 그 뒤로 《논리학 원론》, 《자유론》, 《정치경제학 원론》 같은 역작을 저술하여 철학, 경제학, 정치학, 사회학 분야에 큰 영향을 미쳤다. 성장기에 잘 발달한 언어지능이 뛰어난 지적 활동으로 이어진 것이다. 어떻게 밀은 이토록 뛰어난 언어지능을 소유하게 되었을까?[6]

자연스러운 언어 습득 과정

　인간은 모두 생물학적인 성장과정을 거친다. 그러면서 본성적으로 누구나 타고나는 정신 능력이 점차 발현된다. 그렇게 모든 사람에게 적용되는 발달단계를 잘 거쳐야 언어지능도 제대로 성장할 수 있다. 각 단계에서 충족되어야 할 것이 결핍되거나 억지로 단계를 뛰어넘으려고 하면 부작용이 생길 수 있다. 언어장애의 원인이 되기도 한다.

　부모의 욕심 같아서는 아이가 말하기를 시작하자마자 문법 능력을 온전히 갖춰서 유창한 언어를 구사하기 바랄지 모른다. 하지만 그것은 불가능하다. 이와 관련해 심리언어학자 브라운 R. Brown은 언어 습득을 연구하는 과정에서 흥미로운 사실을 발견했다.[7] 영어를 모국어로 습득하는 아이들이 처음에 "Mummy is going to the shops."라고 말하지 못하고 "Mummy go shop."이라고 말한다는 것이다. 문장 표현을 익히는 단계에 있는 아이가 현재진행형, 관사, 복수형 등을 문법에 맞춰 사용하려면 상당한 시간이 걸린다. 문법 사항마다 제대로 사용하는 데 걸리는 시간도 조금씩 다르다. 어떤 사항은 좀 더 빨리 배워 사용하고 어떤 것은 더 늦다. 사정에 따라 순서가 변하기도 한다. 이렇게 모든 언어를 배울 때 나름의 순서가 있다는 이론을 '자연 순서 가설'이라고 한다.

한국어를 모국어로 습득하는 아이들은 2~3세 무렵에 동사의 과거형을 표현할 때 대개 어미 '-았다'를 붙인다. 또 주어에는 격조사 변화형의 구분 없이 모두 '-가'를 붙이는 경우가 흔하다. "어제 동생이가 사탕 먹았다."처럼 말이다. 이를 언어 발달과정에서 나타나는 '과잉 일반화의 오류' 현상이라고 한다. 나이를 먹어가면서 그런 문제를 점차 해결하여 문법이 정확해진다.

언어지능은 단순하지 않아서 중층 구조를 이루면서 발달한다. 크게 두 가지 층위로 이해할 수 있는데 하나는 언어의 구조적 지능이고, 다른 하나는 실천적 지능이다. 예를 들어 문법을 이해하는 것은 구조적 지능이고, 실제로 문법에 맞게 언어를 사용하는 것은 실천적 지능이라 할 수 있다. 다시 말해 구조적 지능은 음운, 어휘, 문장 등 언어의 내적 구조 원리를 이해하는 지능이고, 실천적 지능은 그런 언어 구조를 듣기, 말하기, 읽기, 쓰기의 수행 영역에 따라 효과적으로 적용하며 실천하는 지능이다. 촘스키의 이론과 비교하자면 구조적 지능은 '보편문법'과, 실천적 지능은 '언어수행'과 비슷하다. 다만 구조적 지능과 실천적 지능은 서로 되먹임하면서 함께 발달하기에 더 유기적이라는 점에서 차이가 있다.

이런 두 가지 차원의 언어지능을 긴밀하게 연계하면서 발달단계에 맞게 아이를 돌보고 교육해야 한다. 언어 구조에 관한 지식을 잘 터득하도록 언어 환경을 만들어주고, 적절한 시점이 되면 그 지식을 언어 현실에서 나이에 맞게 잘 실천하도록 한다. 언어교육의 현실에서 흔하게 나타나는 현상처럼 언어지능을 언어 구조에 한정하여 인식하면 시야가 협소해져서 지능적 되먹임과 상승 발달이 주는 커다란 교육 효과를 놓칠 수 있다. 두 가지 차원을 긴밀하게 연계하면서 발달 단계에 맞게 비율을 조절하여 교육하는 일이 중요하다. 언어의 내적 구조와 실천의 층위 모두에서 통합적으로 언어지능을 발달시키면서 전인적으로 언어능력을 성장시키기 위한 안목이 필요한 것이다.

그렇게 아이가 나이에 맞는 발달과정을 잘 거치며 성장하면 인간의 본성에 따라 언어지능이 부여하는 모든 능력을 유감없이 발휘할 수 있다. 구체적으로 다음과 같은 능력들을 갖추게 된다.

- 나이에 걸맞은 어휘력을 유능하게 구사한다.
- 언어 규칙을 정확하게 이해하고 사용한다.
- 상황에 맞게 대화하며 자연스럽게 의견을 나눈다.
- 학령기에 필요한 문해력을 잘 발현한다.
- 훌륭한 글솜씨로 지적인 문장력을 발휘한다.
- 확산적 언어지능으로 창의력을 발휘한다.
- 언어지능을 바탕으로 한 차원 높은 사고력이 발달한다.

- 소통 능력이 뛰어나 사회적 능력과 리더십을 발휘한다.
- 국제 무대에서 문화적 맥락을 잘 이해하며 표현할 수 있다.
- 지성적 언어생활을 꾸려나간다.

풍부한 언어 자극을 제공하는 환경

인지심리학자이자 정치학자이기도 한 플린 James Flynn은 1930년대부터 1980년에 걸쳐 여러 나라에서 다양한 연령대의 사람들을 대상으로 IQ 검사 결과를 수집하고 분석하면서 놀라운 사실을 발견했다.[8] 대부분의 국가에서 거의 10년마다 평균 IQ 점수가 3점씩 증가한 것으로 나타난 것이다. 이는 가정환경, 영양상태, 교육여건, 사회구조 등 여러 요인이 개선됨에 따라 좋은 신경 자극을 더 많이 받으면서 자녀 세대가 부모 세대보다 IQ가 높아진 것으로 분석되었다. 이후 여러 연구가 이어지면서 그런 사실은 검증해주었다. 그렇게 시간이 갈수록 세대들의 평균 IQ 점수가 높아지는 현상을 '플린 효과'라고 부른다.

이처럼 지능은 유전을 넘어 환경과 양육, 교육여건에 따라 변화한다. 지능 중에서도 대표적 지능인 언어지능이 특히 더 많은 영향을 받는다.

　연구자들은 일찍부터 그런 변화와 발달 가능성을 고려하면서 지능을 두 가지 성격으로 나누어 설명해왔다. 하나는 '결정 지능'인데 경험과 학습으로 터득한 지식을 이용해 문제를 해결하는 정신 능력이다. 다른 하나는 '유동 지능'으로 기존 지식이나 경험에 의존하지 않고 직관적으로 새로운 문제를 해결하는 능력이다. 유동 지능은 어릴 때 주로 발달하여 청소년기에 절정을 이룬 뒤에 답보하거나 점차 쇠퇴하고, 반면에 결정 지능은 나이가 들수록 증가하여 전 생애에 걸쳐 꾸준히 발전한다고 본다.[9] 결국 모든 지능은 유동성 조건과 결정성 조건에 따라 발달하거나 퇴행할 수 있다는 것이다. 플린 효과도 그런 측면에서 이해할 수 있다. 어릴 적 양육 환경이나 나이를 먹어가며 학습하는 조건이 모두 지능 발달에 영향을 미친다.

　이런 지능적 생리를 고려하여 언어지능 발달의 가능성을 극대화하기 위해서는 여러 방면으로 관심과 정성이 필요하다. 영유아기에 유동성 언어지능이 잘 발달하도록 보살피고, 청소년기 이후에도 언어수행을 효과적으로 실천하며 결정성 언어지능을 계속 키워가도록 도와야 한다.

　먼저 어릴 때부터 유동성 언어지능이 잘 발달하도록 보살펴야 한다. 유동성 언어지능 중에서도 특히 음운, 어휘, 문장

등 구조적 언어지능의 바탕을 튼튼히 다지는 일이 무척 중요하다. 이를 위해 아이가 자라는 동안 풍부한 언어 자극을 제공해줄 필요가 있는데, 아직 말문이 트이지 않은 아기 때부터 사랑이 넘치는 다정한 목소리를 꾸준히 들려주는 것이 좋다.

엄마의 부드러운 목소리는 아기에게 감미로운 언어 자극을 주면서 진한 애착관계를 형성하도록 돕는다. 말할 때 아기와 눈을 맞추고 스킨십을 하며 교감을 나누면 더 효과가 좋다. 이런 의사소통의 요건을 전문가들은 라포르rapport라고 한다. 프랑스어로 '관계'라는 뜻인데, 전문용어로 사용할 때는 '(친밀하게) 교감하는 관계'라는 의미로 쓰인다.

이렇게 라포르를 형성하면서 좋은 언어 자극을 꾸준하게 제공하면 아이의 정서적 안정감과 자존감을 북돋우고 언어 습득의 질을 높일 수 있다. 행복감과 안정감을 느낄 때 분비되는 세로토닌, 도파민, 옥시토신 같은 신경전달물질이 지능 발달에 필요한 신경 작용을 돕기 때문이다. 특히 어릴수록 언어 자극의 효과가 크다. 갓난아기 때부터 3~4세 무렵까지의 언어지능 발달 상태가 향후 지능과 언어수행 능력의 발달에 중요한 발판이 된다.

아이가 자라나면서 명랑한 언어활동이 필요하다. 유쾌한 언어활동을 많이 할수록 생리적으로 필요한 신경전달물질이 잘 분비되면서 언어 신경을 활성화하여 언어지능 발달을 촉진한다. 전통적으로 한국의 가정 문화에서는 식사 시간에 말을 많이 하지 않는 것이 미덕이었다. 그러나 지능과 언어 수행의 발달에는 식사하면서 나누는 다정다감한 대화가 많은 도움을 준다. 밥상머리에서든 잠자리에서든 가족끼리 대화를 많이 나눌수록 좋다.

혼잣말도 많이 하면 좋다. 보통 2~7세 사이에 혼잣말을 가장 많이 한다. 자라면서 점차 줄어들지만, 11세 때까지도 상당하게 이어진다. 혼잣말은 언어지능 발달과정에서 자연스럽게 나타나는 현상이므로 억지로 못하게 막을 필요가 없다. 그냥 내버려두어도 11세 무렵에는 소리 내어 말하는 혼잣말을 스스로 삼가고, 내면으로 말하고 생각하는 '언어적 사고'를 더 많이 한다. 그렇게 자연스러운 과정을 밟는 것이 언어지능 발달에서 꼭 필요하다.

아이가 자라면서 가정에서 접하는 언어뿐 아니라 바깥세상의 언어에도 폭넓게 노출되는 일이 필요하다. 어린이집과 유치원에 다니며 또래 친구와 선생님들의 언어를 현실감 있게 접하도록 한다. 이때 언어 자극을 제공하는 '언어 공여자'의 역할이 매우 중요하다. 어떤 언어를 어떤 방식으로 투여하느냐에 따라 어린이의 언어 정체성과 자아개념, 사회적 의식까지 영향을 주기 때문이다.

불가피한 사정으로 어린이집과 유치원에 다니지 못하는 경우에는 다른 방법을 써서 풍부한 언어를 접할 수 있게 해 줘야 한다. 될 수 있는 한 이웃집, 공원, 놀이터, 시장 등 여러 장소에서 다양한 사람들과 접촉하며 풍성한 언어 자극을 받을 수 있는 기회를 많이 만들어준다.

책을 많이 읽어주는 것도 다채로운 언어 자극을 주기에 좋은 방법이다. 이야기 속에는 다양한 상황을 배경으로 생동감 있는 어휘와 표현이 풍부하게 들어있기 때문이다. 아이를 무릎에 앉혀 품에 안고 책을 읽어주면 아이는 안정감과 행복감을 느낀다. 이는 곧 정서와 언어지능의 발달로 이어진다. 특히 '잠자리 독서'는 책과 친해지고 언어지능을 성장시키는 특효약과 같다. 학령기부터는 학생 스스로 그런 환경을 만들어갈 수 있도록 적극 돕는다. 현실의 언어를 진하게 접하며 자기 나름대로 소화하는 언어적 주체성을 키워가도록 한다.

언어지능 발달을 돕는 생활 습관

언어지능 발달을 위해서는 생활 습관도 잘 들여야 한다. 어린이의 성장에 필요한 먹거리를 충분히 제공하고, 편식 없는 식습관을 들여서 뇌 기능에 필요한 영양소를 골고루 섭취하도록 돕는다. 뇌 조직의 발육과 신경전달물질 생성에 필요한 오메가-3 지방산, 단백질, 철분, 아연, 비타민D, 비타민B군 등을 부족함 없이 섭취한다.

건강한 수면 습관도 중요하다. 영아기에는 하루 11~14시간, 유아기에는 10~13시간, 학령기에는 10시간, 청소년 때는 가능한 한 7시간 이상을 숙면하는 것이 좋다. 잠잘 때 뇌에서 필요한 신경 자원이 생겨나고, 신경망 회로들의 기능이 재정렬된다. 충분한 숙면을 취하면 뇌 조직이 좋은 상태로 조정되면서 인지적 신경망이 튼실해지고 지능이 잘 발달한다. 수면이 부족하면 학습 효과도 떨어진다. 잠을 충분히 자야 뇌에서 기억을 조절하는 '해마'가 두터워지고 신경 기능이 발달하면서 학습력이 높아진다. 우리 뇌는 낮 동안 학습한 정보를 잠잘 때 재정리하면서 장기기억으로 '공고화'한다. 듣고 말하고 읽고 쓰면서 입력받은 정보를 잠자는 동안 지능적으로 처리한다.

그리고 어린이는 모름지기 즐겁게 놀면서 커야 한다. 문화사학자 하위징아 J. Huizinga가 그의 연구와 저술에서 잘 설명했듯이 인간은 놀이하는 존재다.[10] 놀이는 인간의 원초적 본능이어서 어린이의 성장에서 빼놓을 수 없는 요건이다. 충분하게 놀면서 적어도 하루 한두 시간은 땀이 흠뻑 날 만큼 뛰어놀아야 입맛도 좋아지고 잠도 잘 잔다. 그러는 사이에 건강하게 자라고 언어지능도 잘 발달한다. 놀이는 즐거운 감정을 만들고 상상력과 사고력을 자극하여 유익한 신경전달물질을 분비시킨다. 이것이 뇌 신경망을 전반적으로 안정시켜 정서 발달과 함께 지능 발달을 유기적으로 돕는다.

신경의학자 펜필드W. G. Penfield는 뇌에서 인지 감각기능을 주로 담당하는 대뇌 피질을 관찰했다. 그 결과 대뇌가 신체기능을 관장하기 위해 각 신체 부위 담당 영역에 얼마나 많은 신경세포를 할당하는지를 알아냈다. 그 비율을 반영하여 신체의 균형 상태를 나타내면 다음 그림처럼 특이한 모습을 지니게 되는데, 이를 '펜필드의 호문쿨루스 Homunculus'라고 부른다.

그림을 자세히 살펴보면 입, 손과 손가락, 눈, 귀의 비율이 두드러지는데, 유달리 큰 비율을 차지하는 부위일수록 인지

기능에서 중요한 역할을 한다고 볼 수 있다. 따라서 입으로 말하고, 귀로 듣고, 눈으로 보며, 손가락을 움직이는 놀이 활동을 많이 하면 어린이의 인지능력과 지능이 효과적으로 발달한다.

성장기 뇌에서 민감하게 발달하는 언어지능

언어지능은 뇌 신경에서 작동한다. 현대 학문의 선구자 가운데 한 인물로 꼽히는 제임스William James는 교육에서 가장 중요한 일이 신경계를 적으로 만들지 말고 협력자로 삼는 일이라고 했다. 언어지능 발달을 위한 교육에서도 신경 기능의 도움이 필요하다. 요즘 한쪽에서 '하이프(과대광고)'에 빠진 사람들처럼 뇌 신경 이야기에 열광하며 맹신하는 것도 문제지만, 기본적으로 신경 기능 발달의 자연법칙을 거스르거나 불합리한 일을 시도한다면 그 역시 부작용을 낳을 수밖에 없다.

어떤 이들은 뇌를 너무 신비화한다. 머리는 타고나는 거니까 운명에 맡긴다는 식이다. 또 어떤 이들은 뇌를 마음대로 조작할 수 있는 기계처럼 생각하기도 한다. 뇌는 써먹기 나름이니까 머릿속에 뭐든 많이 집어넣으면 그만큼 좋은 결과가 생길 거라고 믿는다. 하지만 인간의 뇌는 그렇게 천운에 맡길 것도 아니고, 무조건 인풋을 넣는다고 그럴싸한 아웃풋이 나오는 것도 아니다.

나름으로 지키며 따라야 할 원리가 존재한다. 특히 성장하는 어린이와 청소년에게는 더욱 그렇다. 신체가 성장하는 데 적용되는 자연법칙, 인지가 발달하는 과정, 양육하고 교육하는 환경 조건이 서로 어긋나지 않도록 융합해야 한다.

언어 발달과 뇌 신경

뇌는 생물학적 과정을 거치며 단계적으로 발달한다. 발달 단계마다 필요한 일들을 충족하면 언어지능이 잘 발달하고, 그렇지 못하면 미숙해진다. 어긋나는 일을 하면 장애도 생긴다. 뇌과학과 신경언어학이 밝혀낸 지식과 상식들을 이해하고 신중하게 참고하며 순리대로 적용하는 것이 바람직하다.

다음 뇌 그림에서 짙은색으로 표시된 부분들이 언어와 관련한 일을 주로 담당한다. 언어 신경의 기능을 나누어 맡으면서 서로 긴밀하게 연결된다. 베르니케 영역은 언어를 이해하고 브로카 영역은 표현하는 기능을 담당하는 식이다.

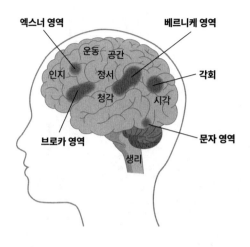

엑스너 영역　　　베르니케 영역

운동　공간
인지　　정서　　　각회
　　청각　　시각
브로카 영역　　　　　문자 영역
생리

　아이가 자라는 동안에 언어 환경을 잘 만들어줘야 뇌의
각 영역이 정해진 순서에 따라 단계적으로 발달하여 그 기능
을 제대로 수행할 수 있다. 그렇다면 언어지능은 그런 조건
속에서 어떻게 작용하며 발달하는 것일까? 뉴런이라 불리는
신경세포의 활동을 통해 이루어진다. 즉 뉴런이 건강하게 기
능해야 지능이 좋아진다.

　갓난아기의 뇌는 여린 뉴런들로 가득 차 있다. 뉴런마다
나뭇가지처럼 생긴 '돌기'들이 뻗어 나오는데, 그중에서 굵
고 길게 뻗은 '축삭돌기'가 다른 뉴런들의 가지돌기에 가서
닿는다. 그러면서 서로 신경 정보를 주고받기 위한 연결 통
로를 형성한다. 그렇게 생긴 소통 공간을 뉴런들 사이의 '시
냅스 synapse'라고 부른다. 시냅스를 통해 뉴런들 사이에 신경
정보가 오가면서 뇌 활동이 이루어진다. 신경 정보가 많이,

빠르게, 활발히 오갈수록 머리 회전이 잘 되어서 지능이 높아진다.

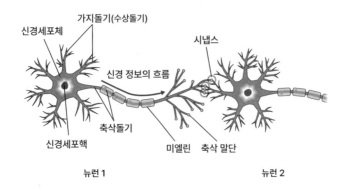

뉴런1   뉴런2

　뉴런의 가지돌기가 외부로부터 신경 정보의 자극을 받아들여 반응하면 뉴런 세포체에 이온 전류가 발생하면서 다른 뉴런에 전달되도록 정보를 방출한다. 이를 신경의 '발화'라고 한다. 자극이 적당히 클수록 이온의 전압이 높아지면서 발화가 잘 일어난다.[11] 그 결과 신경 정보가 활발하게 이온 전류를 타고 다른 뉴런 쪽으로 이동하도록 축삭돌기가 돕는다. 정보가 시냅스까지 안전하게 이동하려면 축삭돌기가 튼튼해야 한다. 그래서 축삭을 하얀 절연체 물질로 감싸는데 이 보호막이 아교 같은 성질의 교세포 물질인 '미엘린'으로 만들어진다. 그 모양이 수초, 즉 골수로 만들어진 칼집 같다고 해서 미엘린이 만들어지는 과정을 '수초화'라고 한다. 그런 수초화가 잘 이루어져야 축삭돌기가 튼튼해지고, 신경 정보가 새지 않으면서 시냅스까지 안전하게 도달할 수 있다.

뇌 활동이 활발하게 이루어지기 위해서는 필요한 자극을 충분히 받아야 한다. 그래야 수초화가 잘 되고, 시냅스도 잘 형성되어 건강한 신경 회로를 구성할 수 있다. 좋은 언어 자극을 충분히 받으면 뉴런들이 활력을 얻어 잘 성장하지만, 그렇지 못해 퇴화한 뉴런들은 정리되어 사라진다. 이 과정을 '가지치기'라고 한다. 나무가 잘 자라도록 가지를 쳐주듯이 뇌 역시 효율적인 성장을 위해 퇴화한 뉴런들을 정리하는 것이다.

이처럼 우리 뇌는 뉴런들로 짜임새를 갖춰 신경 기능을 조직하면서 발달한다. 그런데 이런 발달이 한꺼번에 뚝딱 이루어지지는 않는다. 차례대로 순서를 지킨다. 모든 사람이 타고나는 뇌 조직 원리에 따르는데 이를 뇌 신경망의 '자기 조직화'라고 한다. 유전체에 설계된 절차대로 뇌 신경이 스스로 조직을 갖추는 것이다. 따라서 조직화 순서대로 시기에 맞는 언어 자극을 제공하면 언어지능이 순조롭게 발달한다.

언어 신경의 순차적 발달단계

신경망의 자기조직화 과정에서 자기 차례가 되어 어떤 지능의 신경 회로가 발달하는 시기에는 그 지능의 감수성이 민감하다. 예를 들어 듣는 언어 신경이 발달하는 동안에 귀로 들어오는 언어 자극은 듣기 신경 회로를 구성하는 뉴런들의 활동 전압을 민감하게 높여 발화가 잘 일어나게 한다. 따라서 언어 영역별로 신경이 발달하는 시기에 맞춰 해당 기능을 배우면 큰 효과를 얻을 수 있다.

그러나 조직화 순서를 무시하고 너무 서두르며 억지로 뭔가를 가르치려고 하면 문제가 생긴다. 해당 정보가 임시로 기능하다가 가지치기하고 조직화할 때 다시 정리를 거쳐야 하기 때문이다. 물론 너무 늦어도 좋을 것이 없다. 민감성이 떨어져서 효과가 작아진다. 그러니 알맞은 시기에 맞춰 아이에게 필요한 언어 자극을 잘 제공해야 한다.

언어 신경은 가장 먼저 듣기 기능부터 발달한다. 태아 때 이미 청각 신경이 생겨서 엄마의 말소리를 느낄 수 있다. 그렇지만 말을 알아듣는 것은 아니다. 그냥 말소리의 울림과 리듬을 느끼는 정도다. 태어난 뒤에 말소리의 알맹이 같은 음소音素를 알아듣는 신경이 구체적으로 더 발달해야 한다. 뇌 신경 발달 속도가 빨라서 생후 3~4개월 무렵이면 /ㄱ/이나 /ㅏ/ 같은 모국어 음소를 구분하여 알아들을 수 있다.

이어서 말소리를 이해하는 능력이 발달한다. 음소를 구분하더라도 그것을 어떻게 사용하는지 알아야 말을 이해할 수 있다. 보통 생후 4~5개월 무렵이면 사람들이 말하는 것을 짐작하여 대충 어떤 의미인지 이해하기 시작한다. 그러므로 아기 때부터 쉬운 말을 또박또박 많이 들려주는 것이 좋다. 좋은 언어 자극을 충분히 줄수록 필요한 신경 회로가 활성화되면서 언어의 발음을 이해하는 지능이 잘 발달한다. 이 시기의 '다정한 수다'는 아이의 '언어 머리' 발달에 비타민 같은 역할을 한다.

그다음으로 말하는 신경이 발달한다. 음소를 어떻게 사용하는지 이해하는 능력이 길러지고, 발성기관 근육이 발달하는 시기에 맞춰 언어를 표현하는 신경이 발달한다. 그러면서 무언가를 말해보려고 자꾸 시도한다. 이때 아기의 입에서 나오는 소리가 바로 옹알이다. 처음에는 소리 내기 쉬운 음절을 반복해서 말하는 것을 시작으로 생후 5~6개월 즈음부터 점차 말소리를 닮아가다가 8~10개월 무렵이면 모국어 발음에 상당히 가까워진다. 아기가 옹알이를 할 때 다정한 말투로 반응하며 긍정적인 피드백을 많이 주는 것이 좋다.

1세 무렵부터는 서투른 대로 구체적인 단어를 사용하여 말하기 시작한다. 점점 말하는 어휘가 늘어나서 2세쯤에는 단어를 연결하여 문장 형태로 말을 한다. 2단어 단계, 3단어 단계를 거치며 점점 발전하고 여러 단어를 연결하여 긴 문장도 표현하게 된다.

3~5세 무렵에는 듣고 말하는 능력이 크게 발달하여 제1언어가 전체적으로 안정된다. 음운, 어휘, 문장의 언어지능을 골고루 갖춰 모국어가 뿌리를 내린다. 학자들은 모국어가 안착하는 시기를 평균 4세 정도로 보는데 아이마다 차이가 있다. 대체로 여자아이들이 빠른 편이고, 같은 성별의 아이들 사이에도 다소 차이를 보인다. 그러나 나이에 맞게 좋은 언어 자극을 충분하게 제공하면 개인차가 줄어들고, 모두 비슷한 속도로 뛰어난 언어지능을 키울 수 있다.

이제 문자 신경도 발달한다. 6세 무렵이면 뇌에 '문자 상자'라 불리는 영역이 형성된다.[12] 학술적으로는 '시각 단어 형태 영역'이라고 하는데, 대중적으로 편리하게 문자 상자라고 부른다. 이 영역은 문자의 조합을 통해 단어 형태를 인지하는 신경 기능을 담당한다. 글을 읽고 쓰는 데 필요한 문자 운용 능력의 싹이 트는 것이다. 그래서 이 시기부터 읽고 쓰는 글공부를 시작하면 효과가 좋다. 신경 에너지의 소모를 최적화하면서 생산적인 결과를 얻는다. 하지만 문자 상자가 형성되기 전에 글공부를 시작하면 효과가 작다. 간혹 성급한 부모들은 2~3세 자녀에게 한글과 알파벳을 가르치기도 하는데 이는 아이의 뇌 신경에 무리를 줄 수 있다. 학습 효과와 부작용을 생각했을 때 모국어든 외국어든 너무 이른 글공부는 삼가는 것이 좋다.

이렇게 언어 신경이 기본 기능들을 다 갖추고 나면 우리 뇌는 민감한 성장을 서서히 멈춘다. 뇌 신경망의 시냅스 배선이 완료된 이후로는 상황에 따라 다소 미미하게 발달하거나 퇴행하며 나이를 먹는다. 사람마다 차이는 있지만, 대략 언어 신경의 민감기를 0세~12세 또는 0세~15세 무렵 사춘기까지로 본다.[13] 언어 신경의 발달단계와 민감기를 고려하여 아이를 잘 돌보고 교육하면 언어지능을 효과적으로 높일 수 있다.

언어 '습득'과 언어 '학습'

민감기에 아이가 언어를 습득하는 과정은 스스로 의식하지 못하는 사이에 자연스럽게 이루어진다. 언어 자극을 주면 뇌 신경이 저절로 반응하는 덕분이다. 민감기 이후로는 그런 자연적 습득이 점차 힘들어지기 때문에 언어를 학습하는 쪽으로 상당한 노력을 기울여야 한다.

이런 조건들의 특징만큼이나 '습득'과 '학습'에는 꽤 차이가 있다.[14] 언어의 습득은 본능적이고 학습은 인위적이다. 습득은 의식하지 못하는 사이에 시나브로 이루어지는 것이고, 학습은 의식적으로 마음먹고 배우는 것이다. 습득은 일부러 애쓰지 않아도 잠재의식에서 본능적으로 언어를 흡수하므로 진행 과정이 쉬운데, 학습은 의식적으로 노력하며 신경 에너지를 많이 소모하기 때문에 힘이 든다. 그래도 학습하며 노력하는 만큼 지능은 민감기 이후에도 계속 발달한다. '신경 가소성' 덕분이다

지능은 타고나는 거라서 노력해도 변하지 않는다는 고정관념이 우리 사회에 여전히 남아있다. 그러나 우리 뇌는 탄력성을 지닌다. 노력하기에 따라 얼마든지 변화할 수 있다. 효과적인 학습을 통해 가소성을 계발하면 영유아기만큼 민감하지 않더라도 언어지능이 꾸준히 발달한다. 후성유전도 그런 일을 돕는다.

언어 영역의 학습활동은 문자 신경이 발달하는 6세 무렵부터 단계적으로 시작하는 것이 좋다. 학령기가 되면 뇌 신경망이 꽤 성숙한 수준으로 자기조직화되면서 학습에 필요한 인지능력을 갖추기 때문이다. 이 시기에는 언어능력 습득을 위한 지능이 계속 발달하면서 여러 가지 지식을 학습하는 지능도 추가로 발달한다.

교육에서 학령기는 매우 중요하다. 습득 능력을 유지하면서 학습 능력과 생활 습관의 기초를 다지는 약동의 시기기 때문이다. 유아기까지 듣고 말하는 언어지능이 저절로 민감하게 발달했다면, 학령기부터는 인위적인 학습을 통해 읽고

쓰는 지능을 발달시켜야 한다. 물론 학령기에도 자연스럽게 습득할 수 있는 언어지능 영역이 좀 남아있다. 그러므로 이때부터 자연적인 지능 발달과 인위적인 지능 계발을 잘 조화시키는 것이 중요하다. 무조건 '머리 싸매고 열공'하는 것만이 상책은 아니다. 언어를 습득하는 과정이든 학습하는 과정이든 지능의 원리에 부합해야 하는 것이다.

학습 과정에서는 인지발달 단계를 총체적으로 고려해야 한다. 인지 cognition란 정보를 이해하고 처리하는 모든 정신작용을 뜻한다. 주의, 지각, 기억, 추론, 문제해결 같은 정신 능력이 두루 여기에 포함된다. 언어지능을 포함하여 모든 지적 활동을 포괄하는 것이다.

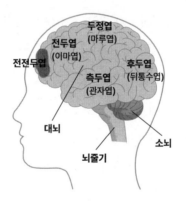

인지 활동을 총괄하는 기능은 이마 안쪽에 자리 잡은 전두엽에서 주로 담당한다. 전두엽에서도 가장 앞쪽 부위인 전전두엽이 집행부 같은 역할을 한다. 언어 신경이 주로 좌뇌의 측두엽에서 발달하는 데 비해 인지는 전전두엽을 중심으로 좌뇌와 우뇌의 여러 영역이 더 폭넓게 관련되어 유기적으로 발달한다. 이런 인지 활동에서도 언어지능이 중요한 역할을 한다.

인지발달심리학자 피아제 Jean Piaget는 인지발달을 네 단계로 나누어 설명했다. 첫 번째는 '감각 운동기'로 0~2세까지의 시기가 여기에 해당한다. 주로 반사 신경과 신체 움직임을 통해 직접 보고, 듣고, 느끼면서 지능이 발달한다. 본능이 지배하는 시기여서 자기중심적으로 사고한다. 다정한 목소리로 얼러주는 등 정서적으로 안정되고 행복감을 느낄 수 있는 언어 자극을 많이 주면 언어지능 발달에 효과적이다.

두 번째 단계인 '전조작기'는 2~6세 사이의 시기다. 언어와 사물의 관계를 알아가며 사고하기 시작하는 직관적 인지 단계다. 논리적으로 사고하는 능력은 아직 부족하다. 이 시기에는 장난감, 그림책, 동요 등 즐겁게 반응하는 놀이를 통해 직관적인 언어 자극을 많이 제공하는 것이 좋다.

세 번째는 '구체적 조작기'로 학령기인 6~12세까지의 시기를 말한다. 이 시기의 아이들은 사물을 다루면서 많은 것을 느끼고 알아간다. 그 과정에서 논리적 사고가 조금씩 발달하여 수학적 개념이나 원인과 결과의 관계도 이해할 수 있다. 이때부터 습득보다 학습에 치중하는 과정을 시작한다.

그러나 아직 피부로 느끼는 구체적 사실에 많이 의존하여 생각하기 때문에 직접 체험을 통해 학습할 수 있는 언어 자극을 많이 제공하는 것이 효과적이다.

마지막 단계인 '형식적 조작기'는 12세 이후로 추상적이고 과학적인 사고능력이 발달하는 시기다. 인간 정신 능력의 바탕을 두루 갖추며 가설 세우기, 논리적으로 추론하기, 체계적인 문제해결 등이 다 가능해진다. 수준 높은 학습활동을 펼칠 수 있어 독서와 글쓰기 같은 글말 학습을 비롯하여 복잡한 지능 계발 활동을 특별한 제약 없이 체계적으로 수행할 수 있다.

시대 환경의 진화에 따라 요즘 어린이와 청소년들은 인지와 지능의 발달이 조금씩 빨라지는 경향을 보인다. 그러므로 인지발달 단계의 나이 구분에서 융통성이 필요하다. 특히 형식적 조작기의 시작을 10세 전후로 보는 것이 현실에 더 맞을 수 있다.

그리고 요즘의 학습 이론들은 피아제의 인지발달 단계처럼 배움의 과정을 사다리 방식으로 인식하기보다 아동의 특성과 학습 과제의 성격 그리고 학습 환경의 영향에 따라 다양한 경로들이 거미줄처럼 복잡하게 연결된 그물망web 방식으로 인식하는 경향이 강하다. 따라서 사다리처럼 단순한 형태의 발달 모형은 전체 흐름을 간단히 파악할 때 활용하고,

세부적인 학습 상황에서는 그물망처럼 복잡하고 역동적인 현실을 고려하여 입체적으로 접근하는 탄력성이 필요해 보인다.

발달 원리에 따른 학습 방식

영유아기에는 자연 노출로 습득하며 발달하던 언어지능이 학령기부터는 학습을 통해 발달한다. 유동성 언어지능에 치중하던 지적 성장의 주기가 결정성 언어지능의 발달 궤도에 오르면서 새로운 성장 조건에 놓인다. 학습이 필요한 것이다. 학습하는 일은 당연히 뇌 활동을 거치는데 이때 뇌 신경의 작동 방식이 양면성을 지닌다. 우리 뇌는 굉장히 효율적인 기관이라서 신경 에너지를 많이 소모하지 않기 위해 되도록 힘든 일을 피하려고 한다. 또 한편으로는 일하지 않는 뉴런과 신경 회로를 쓸모없다고 여겨 열심히 가지치기를 한다. 다소 이율배반적인 속성이 공존하는 것이다. 그러므로 뇌의 생리적 기능과 인지능력을 유지하고 언어지능을 발달시키기 위해서는 과도하지도 부족하지도 않게 적절한 활동을 균형 있게 지속해야 한다.

적절한 활동의 정도는 언어 신경 발달 상태에 따라 달라진다. 모든 학습이 그렇듯이 언어지능 발달을 위한 학습도 뇌 신경이 허락하며 돕는 발달 원리에 맞게 적합한 방식으로 이루어져야 한다.

언어를 비롯하여 모든 지적 활동에 관한 신경 자극의 투여를 인지과학에서는 '인지 부하'라고 한다. 신경계에서 처리하도록 자극하며 입력하는 인지적 과제라는 뜻이다. 모든 학습활동은 인지 부하를 유발한다. 그러나 뇌 신경이 에너지 소모를 싫어하므로 불필요한 인지 부하를 유발하는 일은 피해야 한다.

무조건 언어 학습을 많이 한다고 해서 언어지능이 결정적으로 발달하는 것은 아니다. 알맞은 언어 과제를 학습하며 적절한 인지 부하를 제공해야 한다. 이때 필요한 인지 부하의 수준 역시 신경 발달의 단계에 따라 달라진다. 예를 들어 추상적 언어 과제는 추상적 인지능력이 발달하는 청소년기에 학습해야 적합하다. 이런 신경 기능의 생리를 알고 적용할 때 학습활동에서 좋은 효과를 거둘 수 있다.

인지신경과학자들은 효율적인 학습에 필요한 적절한 노력을 '점진적 인지 과부하'라고 부른다. 조금씩 더 높은 수준의 인지 과제를 수행하는 것이다. 예를 들어 읽기 학습에서 책의 난도를 조금씩 높여가거나 글쓰기를 할 때 글의 장르나 내용의 난도를 높여가는 식이다. 이런 방식의 과제를 '바람직한 어려움'이라고 친근한 표현을 사용하여 설명하는 학자들도 있다. 뇌 신경은 아직 경험하지 못한 새로운 정보 자극을 받을 때 그것을 처리하기 위해 시냅스 가중치를 높이면서 관련 신경 회로의 기능을 강화한다. 따라서 조금씩 수준을 높이며 '바람직한 어려움' 정도의 새로운 과제를 수행하면 그만큼 신경 기능이 더 강화되면서 학습 효과가 커지고 지능이 발달한다.

교육학에서는 이와 비슷한 원리로 '비계 scaffolding'라는 개념을 사용한다. 본래 비계는 높은 건물을 공사할 때 인부들이 올라가도록 임시로 설치한 층계를 말한다. 교육에서는 비고츠키의 이론을 효과적으로 적용하기 위한 개념으로서 학습자가 단계적으로 발전해가도록 돕는 교육 방법이다.

비고츠키는 학습자가 도움을 받아 현재 수준보다 한 단계더 발전할 것으로 기대되는 영역을 '근접발달영역'이라고 불렀다.[15] 이때 도움을 주는 주체로 부모, 교사, 또래의 역할을 강조한다. 그런 관점에서 단계적으로 적합한 과제를 궁리하여 제공하며 잘 수행할 수 있게 돕는 것을 '비계 설정'이라고 한다.

비고츠키의 관점에서는 부모와 교사뿐 아니라 또래 친구들의 역할도 중요하게 여긴다. 어른들의 하향식 도움은 자칫 수직적인 관계의 부담을 줄 수 있는 반면에 친구는 수평적인 관계에서 학습 동기를 크게 부여할 수 있다고 보았기 때문이다. 일정한 나이를 넘어서면 부모나 선생님보다 친구들의 언어에 더 많은 영향을 받는다. 그리고 학습 과정에서도 친구들마다 다른 개성과 배울 점을 보유하고 있어 서로에게 도움을 주며 유능한 스승이 될 수 있다. 협동학습이 유익한 이유다. 따라서 학교 수업에서 협동학습을 활성화하고, 학교 밖에서도 체험 중심 협동학습의 기회를 제공해주는 것이 좋다. 또한 '교실 너머 배움'의 연장선에서 학생들이 개별적으로 마음 맞는 친구들과 토론, 발표, 독서, 글쓰기 등의 다양한 학습 모임을 만들어 활동하면 유익한 효과를 거둘 수 있다. 학습자 스스로 자기 학습의 비계를 유익하게 설정할 수도 있는 것이다.

비계 설정은 지금 상태보다 높은 수준의 과제를 제공하는 거니까 일종의 선행학습이라 볼 수 있다. 그러나 세간에서 흔히 말하는 선행학습과는 사뭇 다르다. 교육과정을 앞질러서 초등학생에게 중·고등 과정 문제집을 풀게 하거나 대입 논술을 준비시키는 식의 선행이 아니다. 오히려 현행학습에 무게를 두고 효과적으로 발전할 수 있게 도움을 주는 방식이다. 본래 교육과정 자체가 학년에 맞는 지능 발달단계의 근접발달영역을 고려하여 구성하는 것이 원칙이다. 그렇기에 교과서 내용을 충분히 예·복습하고, 교육과정 안에서 심화학습을 하는 것이 효과적이다. 지능 발달 속도를 무시한 선행학습은 사상누각과 같다. 여러 부작용이 생길 수 있는데 주로 다음과 같은 역효과들을 불러온다.

첫째, 뇌 신경의 자기조직화 속도와 맞지 않아 지능적 교란이 생긴다. 둘째, 현재의 지능 수준과 맞지 않아 학습 효과가 떨어진다. 셋째, 학습은 힘든 일이라는 잠재의식을 낳아서 학습 동기를 떨어뜨리며 '수행 불안' 현상을 낳는다. 넷째, 현행학습이 싱겁게 느껴져 집중력이 떨어지고, 그로 인해 나쁜 수업 태도를 습관화하기 쉽다.

따라서 근접발달영역을 파악하여 적절한 비계를 제공하는 것이 학습 효과를 높이면서 언어지능을 잘 발달시키는 길이다. 인간 능력의 발달 원리에 따라 학습해나가면 언어와 모든 지적 영역의 신경 회로들이 유기적으로 네트워크를 이루며 점점 더 강력하게 활성화된다. 언어지능을 필두로 여러 영역의 지능이 함께 발달하고 학습 능력도 향상된다.

언어지능을 꽃피우기 위한 기본 역량

밭을 깊게 갈아야 좋은 농사를 짓는다. 인간의 성장도 마찬가지다. 언어지능 발달과 학업성취도를 높이기 위해서는 지적 토양을 잘 가꿔야 한다. 언어지능과 지적 능력의 특성을 제대로 이해하고, 그 토양에 필요한 기본 역량을 어릴 때부터 갖춰나간다. 언어지능은 인간 지능의 일부인 동시에 다른 모든 지적 영역과 깊은 관계를 맺으면서 전반적인 정신발달과정에서 결정적인 역할을 한다. 그러므로 지적 능력을 두루 연계하며 함께 높여가는 방향에서 넓은 안목으로 언어지능을 성장시키는 방안을 강구할 필요가 있다. 언어를 통한, 언어에 의한, 언어의 모든 학습은 전인적 관점에서 이루어져야 한다. 그런 관점에서 기본적으로 먼저 필요한 역량들이 있다.

어휘력

언어의 내적 구조와 관련한 지능을 탄탄히 쌓으면서 다른 지적 활동에 필요한 언어 자원을 확보하기 위해서는 무엇보다 풍부한 어휘력을 갖춰야 한다. 모국어의 경우 성장하는 과정에서 여러 언어 영역의 기능을 자연스럽게 상당한 수준으로 습득할 수 있다. 어휘력도 그런 부분이 있지만, 그것만으로는 부족하다. 의식적인 노력이 더 필요하다.

외국어를 공부할 때는 단어 공부를 많이 한다. 하지만 모국어 어휘에는 소홀하기 쉽다. 외국어든 모국어든 어휘력이 좋아야 언어지능의 기초가 탄탄해진다. 어휘는 듣기, 말하기, 읽기, 쓰기의 모든 언어수행 영역에서 지능을 발달시키는 원료가 되는 동시에 다른 지적 활동에서도 없어서는 안 될 중요한 요소다. 어휘력은 모든 지적 영역에 커다란 영향을 미치면서 일종의 '승수효과'를 낳는다. 그러므로 어휘력을 높이는 노력을 의식적으로 많이 해야 한다. 새로운 단어를 익혀서 그 뜻을 알고 사용하는 데 흥미와 보람을 느끼는 '어휘 의식' 또는 '단어 의식'이 필요하다.

어휘력은 두 가지 차원의 능력이 어울려 결정된다. 하나는 어휘 지식의 폭이고, 다른 하나는 어휘 지식의 깊이다. 어휘의 폭은 얼마나 많은 단어를 아느냐 하는 차원이고, 어휘의 깊이는 단어를 얼마나 정확하고 자세하게 아느냐 하는 차원이다. 먼저 단어를 많이 알아야 한다. 일상에서 필요한 실존적 어휘와 더불어 지적인 학습활동에서 필요한 추상명사와 인지동사 그리고 학습 도구로서 개념어를 많이 알아두면 좋다. 그러면서 각 단어의 정확한 뜻과 쓰임을 익혀야 한다. 내용을 대충 알지만 정확하게 알지 못하는 지식을 '경계 지식'이라고 한다. 그리고 언어를 능숙하게 사용하지 못하면서 불완전한 상태에 있을 때 이를 '중간 언어'라고 한다. 경계 지식과 중간 언어의 수준을 넘어 정확하고 깊이 있는 어휘 지식을 갖춰야 어휘력이 탄탄해진다. 어휘 중에는 문화적으로 왜곡된 경우도 많으므로 지적 수준이 성숙해 감에 따라 비판적 사고로 분별하면서 여과하는 노력도 필요하다.

어휘의 가장 큰 원천은 삶이다. 생활 속에서 다양한 주제로 풍부한 어휘를 사용하며 대화하고 토론하는 경험이 필요하다. 일상에서 쳇바퀴 돌 듯이 반복되는 대화를 벗어나 보다 더 좋은 삶을 일구어가기 위한 미래의 꿈을 주제로 대화를 많이 나눈다. 대화만으로는 부족할 수 있으므로 더 적극적으로 어휘력을 키우는 학습활동도 보탠다.

학령기부터 책을 많이 읽으면 풍부한 어휘를 빠르게 쌓을 수 있다. 그런데 독서를 타성적으로 하면 기성 질서의 언어적 '아비투스'에 젖어 들며 어휘력의 깊이가 한계에 갇힐 수

있다. 사회철학자 부르디외 Pierre Bourdieu는 사람의 사회·문화
적 습성을 '아비투스'라고 부르면서 그것이 제2의 천성과 같
다고 하였다. 언어가 그런 대표적인 요소다. 아무런 목적의
식 없이 독서하며 어휘를 익히고, 별다른 의식 없이 그 단어
를 사용하다 보면 구태의연한 개념이나 왜곡된 관념에 오염
되어 퇴행적 언어의 울타리에 갇히기 쉽다. 따라서 초등 고
학년부터는 비판적 독서를 통해 자기 나름대로 앎의 깊이를
더하면서 어휘력의 질을 높여가야 한다.

유창성

언어를 편하게 거침없이 자유자재로 사용하는 능력으로
서 유창성이 필요하다. 이는 실천적 언어지능을 갖추는 데 필
요한 기본 역량이다. 다른 지적 활동을 원활하게 수행하기 위
해서도 유창한 언어능력이 필요하다. 어떤 지적 활동이든지
언어적 사고가 유창해야 순조롭게 수행할 수 있기 때문이다.
흔히 말을 청산유수로 잘할 때 유창하다고들 한다. 그런
이유로 유창성이 말하기에만 해당하는 능력이라고 오해할
수 있다. 그러나 유창성 fluency은 모든 언어수행 영역에 다 적
용된다. 말을 막힘없이 잘 알아듣고, 책을 술술 잘 읽어나가

고, 글을 거침없이 잘 써나가는 것도 유창성이다. 다른 지적 활동에서도 거침없이 언어적 사고를 펼치며 원활하게 수행하는 능력이 유창성인 것이다. 특별히 생각을 유연하게 잘하는 것은 '관념의 유창성'이라고 한다.

무엇보다 언어의 듣기 영역에서부터 유창성이 필요하다. 말을 막힘없이 잘 알아들을 수 있어야 언어 습득이나 여러 언어활동, 지적 활동을 원활하게 수행할 수 있다. 같은 일을 같은 시간 동안 수행하더라도 능력이 유창한 만큼 더 많은 성과를 거둘 수 있다. 듣기가 유창해야 수업 시간에 선생님의 설명을 자세한 뉘앙스까지 놓치지 않고 여유 있게 들으며 잘 이해할 수 있다. 일상 속 언어생활이 순조로운 것은 말할 것도 없다.

어떤 말을 들을 때 시작과 끝은 물론이고, 말이 이어지며 단락이 만들어지는 흐름까지 잘 알아들어야 한다. 그런데 그게 생각처럼 쉽지 않다. 사실 말하는 내용을 하나도 놓치지 않고 잘 듣는다는 것은 무척 어려운 일이다. 보통 말 사슬에서 어떤 요소를 못 알아듣고 놓치는 일이 흔하다. 그렇지만 사소한 요소를 놓쳐도 메시지를 알아듣는 데는 큰 문제가 없다. 주어, 동사, 목적어 같은 핵심어만 놓치지 않으면 나머지는 맥락으로 유추하여 이해할 수 있기 때문이다. 이를 가능하도록 돕는 것이 신경계의 인지적 '요점 표상'이라고 부르는 기능이다. 뇌 신경은 정보를 효율적으로 처리하기 위해 요점을 잡아 이해하고 표상하며 기억하려는 속성을 지닌다. 그런 원리에서 요점을 잘 포착하며 듣고 읽으면 유창성이 커진다.

때로는 핵심어를 놓쳐도 내용을 유추하여 알아들을 수 있다. 실제로 한 실험에서 영어 원어민들에게 "It was found that the *-eel was on the shoe."라는 문장을 들려주었다.[16] 일부러 기침하면서 '*' 부분을 제대로 발음하지 않고 넘어갔는데 모든 사람이 아무런 문제 없이 알아들었다. 기침했다는 사실은 알지만, 발음을 얼버무렸다는 사실은 모른 채 'heel'이라는 단어를 온전히 들은 것처럼 반응한 것이다. 이렇듯 맥락을 파악하여 흐름을 따라가며 들으면 가끔 놓치는 부분이 생겨도 그 뜻을 온전히 이해할 수 있다. 길고 복잡한 이야기도 잘 알아들을 수 있게 된다.

이렇게 요점 표상을 활용하는 능력이 언어지능의 중요한 요소를 이룬다. 신경망에서 인지 자원을 효과적으로 활용하며 기억력과 문제해결력을 강화하기 때문이다. 듣기뿐 아니라 말하기, 읽기, 쓰기를 포함하여 모든 영역에서 흐름을 잘 연결하며 언어를 소화하는 유창성이 필요하다. 언어와 사고의 유창성이 높아지면 지적 활동에서 뇌 신경이 에너지를 절약할 수 있고 정신적 여유가 생겨서 지성적 역량을 발현할 수 있는 잠재력이 커진다. 다른 사람의 언어와 사고를 이해하는 데 급급하지 않고, 주체적인 언어능력과 사고력을 발휘할 수 있다.

집중력

지적 활동을 수행할 때 필수적인 요건이 집중력이다. 모든 언어수행 영역에서 집중력이 중요하지만, 듣기와 읽기에서 더 그렇다. 정신을 집중해야 듣고 읽는 언어 정보가 신경 회로에 밀도 있게 입력되어 청해력과 독해력의 질이 높아질 수 있다.

집중력은 '관심-주의-집중'이라는 일련의 신경 작용을 거치며 발현한다. 신경계는 감각을 통해 알게 모르게 초당 1,100만 가지의 자극 정보를 접하고 탐색한다. 스스로 의식하는 자극뿐 아니라 의식하지 못하는 자극까지 무수히 많은 자극을 신체 내외부로 끊임없이 전달하는데, 그중 가장 관심 가는 것을 뇌간에 자리 잡은 망상활성계가 선별하여 지각한다. 이를 '선택적 주의'라고 한다. 신경망의 여과 장치를 통해 신경 쓸 대상을 선택하고 관심 있는 일에 인지적 에너지를 투여하면서 주의를 기울인다. 그런 과정이 잘 이루어질 때 집중력이 높아진다.

그런데 우리 주변에는 집중력을 방해하는 요인이 많다. 수면 부족, 스트레스, 과도한 학습활동, 빽빽한 스케줄, 환경 소음 등이 모두 그런 것들이다. 이런 요인들이 순간마다 중요한 것을 선택하고 지속해서 주의를 기울이는 일을 방해한다. 디지털 콘텐츠에 과다 노출되어 생기는 '팝콘 브레인' 현상도 집중력을 떨어뜨리는 주요 요인 중 하나다. 뇌가 팝콘이 터지는 것처럼 짧고 강렬한 자극에만 반응하고, 현실의 다른 일에는 무감각해지는 것이다. 이렇게 집중력을 방해하는 모든 요인은 뇌에서 인지 기능을 수행하는 영역의 뇌세포 구성 물질인 회백질을 감소시켜 지능 발달을 방해한다.

집중하는 방법에는 크게 두 가지가 있다. 하나는 신경을 곤두세우고 집중하는 방식이고, 다른 하나는 긴장을 풀고 자연스럽게 집중하는 방식이다. 얼핏 생각하면 신경을 날카롭게 긴장시킬 때 집중이 더 잘될 것 같지만, 실제 학습활동에서는 그 반대다. 의식적인 긴장 상태로 집중하면 교감신경이 신경 감각을 억제하여 정보의 입력창이 좁아진다. 긴장 상태를 유지하느라 신경 에너지의 소모가 커서 금방 지치기도 한다. 반면에 긴장을 누그러뜨리고 자연스럽게 집중하면 부교감신경이 감각 신경계를 이완시켜 정보의 입력창이 넓어진다. 신경 에너지의 소모가 적어서 긴 시간 집중력을 유지할 수 있다. 이런 일을 신경 기능의 '탈억제'라고 하는데, 이때 뇌파가 세타파로 흐르면서 집중도를 높여준다. 깊이 있는 학습deep learning에 유리한 조건을 이룬다.

그렇게 잘 집중하면 몰입 상태에 빠진다. 잡념 없이 온 마음으로 한결같이 집중한다. 심리학자 칙센트미하이 M. Csikszentmihalyi는 그런 몰입의 특징이 물 흐르듯이 자연스럽게 집중하는 것이라는 뜻에서 'Flow'라고 불렀다. 평소 집중력을 길러서 필요할 때마다 자연스럽게 몰입할 수 있는 역량을 갖추도록 한다.

기억력

언어의 구조적·실천적 활동을 위해서 기억하는 지능이 중요하다. 본래 모든 지능은 기억력과 밀접한 관계를 맺는다. 언어 기억력부터 키우면서 다른 지적 영역의 기억력으로 전이하여 시너지 효과를 내는 것이 바람직하다.

언어를 듣고 읽는 것은 언어 자극으로부터 필요한 정보를 입력받아 그 내용을 기억으로 저장하면서 반응하는 일이다. 말하고 글 쓰는 것은 이미 저장된 언어 정보를 불러내어 표현하는 일이다. 그렇게 모든 언어활동은 기억작용과 연계된다.

언어에 노출되면 뇌 신경이 정보를 입력받아 잠시 기억하며 정리 작업을 한다. 그걸 '단기기억'이라 부른다. 수 초 동안 의식 속에 유지되는 기억을 말한다. 단기기억에서 작업하여 정리한 결과물은 '장기기억'으로 저장된다. 오래도록 남는 기억이다. 장기기억으로 저장된 정보를 사용하려고 다시 끄집어내는 것을 '인출'이라고 한다. 인출된 기억은 잠시 단기기억 상태로 머릿속에 떠올라 있게 된다. 머릿속에 뭔가 떠오른다는 것은 생각을 하는 것이고, 그것은 정신적으로 어떤 작업을 한다는 뜻이다. 그래서 단기기억을 '작업기억'이라고 부르기도 한다. 모든 단기기억은 항상 정신적으로 작업을 한다.

단기기억에서 작업한 정보를 장기기억으로 저장하고 인출하는 데는 두 가지 방식이 있다. 하나는 의식적으로 저장하고 인출하는 방식인데 이를 '명시기억'이라고 한다. 다른 하나는 의식하지 못하는 사이 잠재의식에 저장되었다가 필요할 때마다 저절로 인출되는 방식이다. 이를 '암묵기억'이라 한다. 전혀 의식하지 못하는 사이에 저장과 인출이 자동으로 이루어지는 암묵기억의 자동성이 언어를 유창하게 만들어준다. 의식적으로 애쓰지 않아도 순발력 있게 언어를 알아듣고, 말하고, 읽고, 글로 쓸 수 있게 한다.

암묵기억으로 잠재의식에 저장되어 자동으로 작동하는 지식을 '암묵지 tacit knowledge'라고 한다. 언어를 습득하고 사용하는 일은 언어에 관한 정보와 지식을 암묵지로 자동화하면서 활용하는 것이다. 그것이 곧 언어지능이다. 모든 지적 능력은 암묵지의 도움을 받는다.

단기기억에서 작업이 활발하게 이루어질수록 신경 자극의 에너지가 활동 전압을 높여 기억을 강화하면서 암묵기억으로 자동화가 잘 된다. 암묵지가 잘 쌓여 학습 효과도 높아진다. 이때 정서가 깃들도록 감정을 섞어 작업하면 더 효과가 좋다. 비슷한 정보를 패턴화하여 반복할 때도 마찬가지다. 반복하는 만큼 시냅스 가중치가 점점 높아지면서 기억력의 가소성이 증가한다. 직접 체험하여 얻은 지식 역시 쉽게 잊히지 않고 오랫동안 기억에 남는다. 몸으로 직접 경험할 때만 이런 효과를 누릴 수 있는 것은 아니다. 우리 뇌는 상상할 때도 실제 자극과 유사한 방식으로 반응한다. 그렇기에 단순 암기보다는 머릿속으로 시각화하여 생생하게 그려봤던 내용을 더 잘 기억한다. 또한 기억할 내용을 다른 사람에게 설명하면 상황 맥락의 체험 조건이 진하게 형성되어 기억력이 강화된다.

영유아기에 언어를 습득할 때는 자기도 모르는 사이에 언어 정보를 암묵기억으로 저장했다가 자동으로 인출하여 유창하게 사용한다. 그러나 학령기가 되어 의식적으로 학습할 때는 대부분의 언어 정보를 일단 명시기억으로 저장한다. 명

시기억으로 저장한 정보의 기능은 유창하지 못하고 다소 어눌하다. 물론 상황 맥락을 생생하게 체험하거나 시각화하면서 학습하면 신경의 가소성이 생겨 유창해질 수 있다. 그리고 중요하게 기억해야 할 내용은 머릿속에 저장한 뒤에 적절하게 되새김한다. 그럴수록 기억이 강화되고 유창해진다. 기억은 생생하게 반복할수록 암묵지로 잘 굳어지기 때문이다. 그러므로 수업이 끝난 뒤 잠깐 앉아서 들은 내용을 정리하는 습관을 들이면 기억력과 지능의 발달에 큰 도움이 된다.

이를 뒷받침하는 연구가 많이 있는데 그중 하나가 에빙하우스H. Ebbinghaus의 '망각곡선'이다.[17] 다음 그래프에서 보는 것처럼 학습 직후 20분 안에 망각이 가장 많이 일어나서 41.8%를 망각하고 58.2%만 남는다. 9시간 지나면 60% 이상 망각하고, 35.8% 정도가 남는다. 6일이 지나면 4분의 1 정도인 25.4%만 겨우 남고 나머지는 다 망각한다.

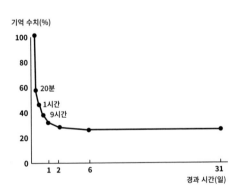

따라서 최대한 빠른 시간 안에 배운 것을 되새김하고 일정한 간격으로 반복 학습하면 망각의 흐름을 억제하면서 기억을 오랫동안 유지할 수 있다. 게다가 복습하는 과정에서는 잘못 이해했거나 미처 몰랐던 사항을 발견하여 교정하면서 기억을 보완할 수 있어 학습 효과가 크게 높아진다. 뇌 신경 회로가 '오류 경보'를 자극받으면 시냅스 가중치를 높여 교정 작업을 활발하게 벌이면서 기억을 다시 공고화하기 때문이다. 오답 노트를 사용하면 학습에 큰 도움이 되는 이유가 바로 이것이다. 이런 기억력 강화의 경험이 쌓이면 전이 효과를 낳아서 모든 지식 정보를 기억하는 지능도 강화된다.

메타인지

자신이 하는 일을 스스로 알아차리며 조절하는 정신 활동을 '메타인지 metacognition' 또는 '초인지'라고 한다. 자신의 인지과정을 자각하는 능력으로 일종의 '셀프 모니터링'이라 할 수 있다. 즉 자아의 활동을 객관적으로 판단하며 관리하는 힘이다. 이는 모든 인지 영역에서 실천 지능의 중요한 요소를 이룬다.

메타인지는 무엇보다 언어수행 능력을 높이는 데 큰 역할을 한다. 듣기, 말하기, 읽기, 쓰기 활동을 통찰하면서 무엇을 알고 무엇을 모르는지 스스로 깨닫고, 그것을 바탕으로 수행 과정을 조절할 수 있다. 뇌에서 인지와 기억을 담당하는 전두엽과 해마를 포함하여 '자기 참조 처리 네트워크self-referential processing network'를 가동하면서 자기가 수행하는 인지 활동을 스스로 관리한다.

활동을 수행하기 전에 전략을 세우는 계획 단계부터 메타인지가 필요하다. 언어 영역별로 살펴보면 듣기 전에 주의 집중할 부분을 미리 생각해두고, 말하기 전에는 무엇을 어떻게 말할지 핵심을 정리해둔다. 책을 읽기 전에는 읽는 목적을 염두에 두고 집중할 부분을 미리 정한다. 글쓰기 전에는 무엇을 쓰고 싶은지, 어떻게 쓸 것인지 구상한다.

수행 중에는 진행 상황을 스스로 점검한다. 듣는 동안에 이해하기 어려운 부분이 있다면 메모하며 듣거나 추가 정보를 요청한다. 말하는 동안에는 청자의 반응을 주의 깊게 살피며 설명을 보태거나 조정한다. 글을 읽는 동안 이해가 안 되는 부분은 다시 읽거나 메모하며 읽는다. 글을 쓰는 동안은 진행 상황을 살피며 글을 보완하거나 수정한다.

수행 후에는 그 결과를 평가한다. 듣기 후 들은 내용을 정리하고 이해한 정도를 판단한다. 필요한 경우 다시 듣거나 질문을 던져 메시지를 명확하게 이해한다. 말하기 활동 뒤에는 말하고자 한 내용이 제대로 전달되었는지를 평가한다. 듣는 이의 피드백을 받아 다음번 말하기에 반영한다. 글을 읽은 뒤에는 내용을 요약하고, 중요한 정보와 덜 중요한 정보로 나눈다. 이해가 안 되는 부분이 있으면 다른 자료를 참고하거나 읽기 전략을 변경한다. 글쓰기를 마친 뒤에는 글의 전체 구조와 내용의 일관성을 평가한다. 오류를 찾아내어 수정하고, 다음 글쓰기에서 보완할 점을 정리한다.

읽기 활동 중에 메타인지를 활용하는 방법으로 영미권 학생들이 주로 사용하는 'K-W-L 모형'이란 것이 있다. '알고 있는 것 Know', '알고 싶은 것 Want to know', '읽고 나서 알게 된 것 Learned'을 인식하며 읽는 방법이다. 먼저 제목, 부제목, 차례, 머리말, 본문 첫 단락, 결론 등을 훑어보면서 글의 전체 내용을 예측해보는 연습을 한다. 어떤 정보와 지식을 얻고 싶은지도 생각해본다. 그리고 글을 본격적으로 읽으면서 예측한 것과 실제로 이해하는 것을 비교해본다.

이처럼 언어수행 영역마다 특성에 맞게 메타인지 원리를 적용하면 수행 능력을 높이고 지능 발달을 촉진할 수 있다. 모든 언어활동에서 자기 인식과 자기조절의 힘을 높이는 메타인지 능력은 지성적 언어활동의 필수 요건이라 할 수 있다. 연구 결과에 따르면 자신감을 가지고 실행할수록 메타인지 능력이 향상된다.[18] 실천하는 만큼 좋은 결과를 얻을 것이라는 가능성을 믿고 진정성 있게 실천하면 된다.

그런데 메타인지를 나쁜 방향으로 오용하면 해로울 수도 있다. 메타인지로 지능적 '잔꾀'를 부리며 악용할 수 있기 때문이다. 지능이 늘 옳게만 사용되는 것은 아니다. 따라서 성장기부터 건강하고 올바른 메타인지 습관을 기를 필요가 있다.

비판적 사고로 발현하는 지성적 언어능력

　정확한 사고는 정확한 언어를 요한다. 잘못된 언어는 잘못된 생각과 잘못된 배움을 낳는다. 그러므로 제대로 된 언어지능을 갖춰야 하고, 그러기 위해서는 비판적으로 사고하는 지성이 필요하다.

　비판적 사고를 하려면 이미 알고 있는 지식을 활용하여 복잡한 정보를 분석하고 판단하여 명철한 결론을 끌어내는 추론 능력이 요구된다. 이는 상당한 지적 능력을 필요로 하므로 보통 초등 고학년 이상은 되어야 가능하다. 어릴 때부터 기초 지능을 견실하게 기르고 나서 청소년기부터 비판적으로 사고하는 힘을 본격적으로 갖춰나가면 된다.

　진정한 의미의 비판적 사고는 몇 가지 요령을 익히고 몇 번 연습해본다고 해서 길러지는 능력이 아니다. 원리를 이해하고 성실히 적용하면서 꾸준한 실천을 통해 암묵기억으로 잠재의식 속에 스며들게 해야 한다.

비판적 담론 지능

온갖 사람들이 자기 의견과 주장을 쏟아내면서 세상에는 숱한 담론들이 경합한다.[19] 그중에서 어떤 것이 어떻게 옳고 그른지 판단하는 일은 쉽지 않다. 담론에는 상대성이 있기 때문이다. 예를 들어 정부 정책을 입안하고 추진하는 과정에서 서울의 그린벨트를 과감하게 풀어야 한다는 개발 담론과, 엄격하게 유지해야 한다는 환경보호 담론이 맞설 수 있다. 이때 그 어떤 주장이나 이론도 절대적 진리라고 단정 지을 수 없다. 상대적으로 더 설득력 있는 담론과 덜 설득력 있는 담론이 있을 뿐이다. 따라서 조금이라도 더 타당하고 설득력 있는 주장을 판별하는 능력이 필요하다.

인문 비평이론가 바흐친 Mikhail Bakhtin은 화자의 메시지 속에는 여러 담론의 목소리가 섞여 있다는 '다음성 polyphony' 개념을 내놓았다.[20] 말하거나 글 쓰는 사람의 고유한 메시지 뿐 아니라 그가 의식적으로 선택한 담론 그리고 본인도 모르게 영향을 받은 담론의 메시지까지 섞여 있다는 것이다. 예를 들어 수업 시간에 교사가 '중력'에 관해 설명한다고 할 때 모든 내용이 개인의 고유한 메시지라고 보기는 어렵다. 그 설명에는 교육 당국에서 고시한 교과 지도 내용도 반영되어 있을 것이고, 교직을 전공하면서 배운 교수법도 영향을 미칠 것이다. 또 개인적인 지식과 경험도 설명에 묻어날 것이다. 그렇기에 교사의 설명에는 개성이 드러나며 때때로 오류가 섞여 있을 수도 있다.

사회에서 숱한 사람들이 소통하는 언어 속에는 온갖 담론의 부산물들이 여과 없이 섞여 있다. 특히 온라인 커뮤니티를 보면 비이성적인 담론이 넘쳐난다. 익명성을 담보로 터무니없는 의견을 마구잡이로 쏟아낸다. 비슷한 생각을 지닌 사람들끼리 모여드는 '반향실 echo chamber' 효과까지 더해져 담론의 편향을 부추기며 극단적인 견해를 강화한다. 바이럴 마케팅의 메커니즘 역시 정보의 확산 속도를 증폭시켜서 어떤 정보가 진실이고 거짓인지 구분하기 어렵게 만든다. 수많은 플랫폼에서 클릭 수를 높이려고 사실 여부와 상관없이 자극적인 정보를 남발하기 때문이다.

정보의 홍수 속에서 사람들은 겉핥기식으로 정보를 소비한다. 정보의 과부하가 깊이 있는 분석과 성찰, 합리적인 토론을 어렵게 만든다. 그런 현실에서 비판적 사고 과정을 거치지 않으면 비이성적 담론이나 가짜뉴스에 휘둘리고 보이

스피싱 같은 범죄의 희생양이 되기 쉽다. 정보의 옥석을 가리는 비판적 담론 지능이 그래서 중요하다.

비판적 사고를 방해하는 요인들

사람은 무언가를 생각할 때 본능적으로 '인지 효율성'을 좇는다. 생각하는 에너지를 절약하려는 속성 때문이다. 그게 지나쳐서 꼭 필요할 때조차 신경 에너지를 아끼려는 '인지적 구두쇠' 현상이 나타나기도 한다. 이것저것 따지기 피곤하니까 대충 생각하려는 습관이 생긴다. 이런 본성이 삶을 편리하게 만들어주기도 하지만 거기에 너무 안주하면 언어의 속임수에 잘 걸려든다.

사람의 뇌는 반복해서 노출되는 언어에 세뇌당하기 쉽다. 같은 말을 자꾸 들으면 암묵기억으로 저장되면서 자기도 모르게 당연한 걸로 받아들이는 것이다. 예를 들어 '싱가포르'란 말을 열 번쯤 말하게 한 뒤 "세계에서 제일 큰 나라는 어디야?"라고 물으면, '싱가포르'라고 답하는 일이 꽤 있다. 물론 이 경우는 순간적인 현상에 불과하고 시간이 지나면 금방 교정되지만, 그런 속성이 신경계의 다른 활동에도 폭넓게 적용된다. 구조적으로 각인될 때는 놀랍도록 큰 영향을 미친다. 상업광고나 정치적 선전·선동이 바로 그런 습성을 많이 이용한다. 대부분의 광고가 적어도 세 번 이상 반복해서 노출되는 이유가 여기에 있다. 정치인들이 어떤 이슈에 '프레임'을 씌우거나 선거 공약을 만들어 반복적으로 외치는 것도 그래서다. 히틀러가 독일 대중을 세뇌할 때도 이런 수법을 썼다. 따라서 광고나 뉴스, 친구와 이웃에게서 자주 듣는 이야기라고 해서 곧이곧대로 믿지 말고 적당히 걸러 들을 줄도 알아야 한다.

언어생활은 후광효과에 많은 영향을 받는다. 어떤 말을 듣거나 글을 읽을 때 좋아하는 사람, 권위 있는 사람, 잘생긴 사람이 던지는 메시지는 더 쉽게 받아들인다. 감수성이 예민한 청소년은 더욱 그렇다. 광고 모델로 인기 많은 연예인을 쓰는 것도, 보이스피싱 범죄자들이 금융감독원이나 검찰을 사칭하는 것도 이런 효과를 노린 것이다. 따라서 후광효과에 현혹되지 않고 메시지를 잘 판단하기 위해서는 '메신저'보다 '메시지' 자체에 집중하는 태도가 필요하다.

다른 사람들과 잘 어울리고 싶은 '동조' 심리 역시 우리의 눈과 귀를 어둡게 한다. 특히 청소년에게서 그런 현상이 두드러지게 나타나는데, 사회적 동물로서 인간의 동조 심리는 잠재의식에 뿌리를 두고 있어 스스로 잘 알아차리지 못한다. 이와 관련해 유명한 실험이 하나 있다.[21] 사회심리학자 애쉬

Solomon Asch는 실험 참가자들에게 하나의 선이 그려진 카드를 먼저 보여주었다. 그런 다음에 3개의 선이 그려진 카드를 보여주었다. 그리고 실험 참가자들에게 처음 본 카드의 선분과 길이가 같은 것을 두 번째 카드에서 고르도록 했다.

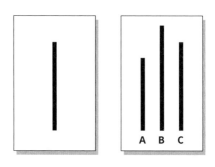

어떤 결과가 나왔을까? 1명씩 실험실에 들어가 진행자의 질문에 답할 때는 거의 모든 사람이 주저 없이 C를 선택했다. 그런데 여럿이 함께 들어가서 답할 때는 반응이 크게 달랐다. 상황에 변수가 생겼기 때문이다. 4명씩 모인 그룹에서 3명이 미리 짜고 B의 길이가 처음 카드의 선과 같아 보인다고 떠들어댄 것이다. 이런 바람잡이 역할을 한 사람들의 말에 흔들린 진짜 실험자의 약 30%가 B를 정답으로 골랐다. 어처구니없는 일 같지만 일상생활에서도 남의 말에 영향을 받아 판단이 흐려져 잘못된 선택을 하는 동조 현상이 흔하게 나타난다.

커뮤니케이션 이론에는 '침묵의 나선'이라는 개념이 있

다. 여러 사람이 말하는 것과 자기 의견이 다를 때 반대의 목소리를 내지 않고 침묵하기 쉬운데 그러다 보면 점점 다수 여론에 이끌려 마치 회오리 속에 빠져드는 것처럼 된다는 것이다. 나치 정권 아래 독일 대중이 보여준 태도가 대표적인 사례다. 청소년 때 친구 무리에 이끌려 일탈하기 쉬운 것도 같은 이유에서다. 이처럼 다수의 잘못된 의견과 조작된 여론에 마냥 휩쓸리지 않으려면 비판적으로 듣고 말하고 읽고 쓰는 능력을 키워야 한다.

비판적 사고로 지성적 언어를 구현하는 길

비판적으로 듣고 읽는 일은 화자와 필자를 비난하면서 듣고 읽는 것이 아니다. 좋은 대화 관계를 맺고 경청하며, 진지하게 읽되 자기 나름의 기준으로 여과하여 받아들이는 것이다. 물론 이때도 주의할 점이 있다. 자기 판단 역시 오류를 범할 수 있기 때문이다.

사람은 '확증 편향'에 빠지기 쉽다. 충분하게 검증하지 않은 생각도 한 번 마음에 두고 나면 그것이 항상 옳고 다른 사람들도 다 그렇게 생각할 것이라고 믿는 '가짜 공감 false consensus'의 심리 효과가 나타난다. 가짜뉴스가 확산하는 이

유도 여기에 있다. 자신이 믿는 사실과 들어맞으면 무조건 진짜라고 믿고, 그렇지 않으면 아무리 진실한 내용이라도 거부한다. 보고 싶은 것만 보고, 믿고 싶은 것만 믿는 것이다.

이런 편향된 사고에 빠지지 않으려면 비판적 사고의 그물을 언어지능 속에 장착하는 것이 좋다. 접하는 메시지에서 사실과 의견을 구별하고, 주장의 근거를 확인하고, 이론의 장단점을 따져보며 비판적으로 수용한다. 다른 사람의 메시지를 받아들일 때뿐만 아니라 자기 의견을 제시할 때도 비판적 사고 과정을 거친다.

철학자 후설 E. Husserl은 참다운 진리에 다가가기 위해 성급하게 굴지 말고 일단 '판단 중지'를 하라고 말했다. 어떤 현상이나 사물에 대해 다 안다고 생각하지 말고 일단 판단을 중지한 뒤 명확한 앎의 단계를 밟아가라는 것이다. 예를 들어 다음 그림을 보고 무슨 그림이냐고 물으면 누군가는 '오리'라고 할 수 있고, 다른 누군가는 '토끼'라고 답할 수 있다. 시선을 어느 쪽에 두느냐에 따라 대답이 달라질 수 있기 때문이다. 누구의 말이 맞을까?

잠시 판단을 중지하고 비판적으로 사고해볼 필요가 있다. 그림을 보고 나온 [오리]와 [토끼]라는 관념들은 아직 확실하게 검증되지 않은 선입견이므로 우선 괄호 속에 넣어둔다. 성찰을 통해 오류를 제거하고 명징하게 밝혀진 사실만 진리로 받아들인다. 이런 과정을 통해 '시각에 따라 오리 또는 토끼의 형상으로 보일 수 있게 곡선과 점의 조합으로 구성된 그림'이라는 앎에 이른다면 상당한 수준의 비판적 사고력을 발휘한 것이다.

중요한 문제일수록 그와 관련한 메시지를 접할 때 "그런 거구나!"라고 여과 없이 받아들이기보다 판단을 보류하면서 "그런 걸까?"라는 의문을 던지고 차분하게 생각해본 뒤 더 타당한 이해를 구한다. 메시지 속에 어떤 담론의 목소리가 들어있는지 분석하고, 그 목소리에 담긴 주장이나 이론의 타당성을 검토해본다. 이런 습관이 비판적 사고 지능을 발달시키고, 지성적 언어생활을 누릴 수 있게 돕는다.

2부

언어지능의 실제

듣기
말하기
읽기
쓰기

아는 것만으로 능력이 되지 못한다.

지능과 지성은 더구나 되지 못한다.

의미 있게 실천해야 제값을 한다.

언어는 생물과 같다.

삶 속에서 살아 움직인다.

그런 언어 현실은 광야와도 같다.

어린이와 청소년은 숱한 언어 상황을 경험하며 성장한다.

언어지능을 어떻게 길러 어떻게 사용하는지에 따라

진로에 생명력이 넘칠 수도 있고, 무기력할 수도 있다.

듣기

언어 실현의 시작

듣기는 언어 습득의 '빅뱅'과 같다. 아이는 말소리를 듣고 배워서 사회의 언어구성원으로 다시 태어난다. 듣는 것으로 언어가 시작되고 삶이 시작된다. 성인이 되어서도 남의 말을 듣는 데 45% 정도의 시간을 쓴다. 나머지 시간은 말하기에 30%, 읽기 16%, 쓰기 9%를 사용한다.[22] 한마디로 '듣기'를 잘해야 언어능력의 바탕이 안정되고 삶의 질이 높아진다.

특히 외국어로 소통하는 상황에서 듣기의 중요성을 실감하게 된다. 미국 공항 출입국 심사대에서 흔히 보는 풍경이 있다. 어려운 조건으로 미국에 처음 입국하려는 사람들이 미리 준비한 말로 더듬거리며 뭔가 설명하는데 검사원CBP이 묻는 말을 알아듣지 못하고 자꾸 딴소리해서 대화가 잘 통하지 않는 모습 말이다. 듣지 못하면 속수무책이다. 소통할 수 없어 유리 벽으로 가로막힌 듯한 느낌이 든다. 이상한 나라의 앨리스가 되어 낯선 언어 세계에 혼자 떨어진 것 같은 거리감이 생긴다. 하나의 언어를 배우려면 그런 유리 벽을 깨고 나와 거리감을 좁혀야 한다.

그런데 아이가 모국어를 습득할 때는 듣기의 중요성을 크게 의식하지 못하는 경향이 있다. 아이가 따로 노력하지 않아도 말소리를 들으면서 저절로 언어를 습득하는 것처럼 보이기 때문일 것이다. 그러나 사실은 아이도 언어를 저절로 배우지 않는다. 뇌에서 많은 일을 한다. 신경세포들이 끊임없이 회로를 가동하며 말소리를 듣고 필요한 언어 정보를 민감하게 입력받는다. 이렇게 조금씩 힘을 기르면서 기초 지능을 갖춰 언어를 습득한다. 그런 과정이 겉으로 드러나지 않아서 알아차리지 못할 뿐이지 아이가 언어를 습득하는 과정에는 남모를 수고가 숨어있다.

듣기 지능의 작동 절차

보통 4~5세가 넘으면 모국어를 잘 알아듣는다. 외국어를 습득한 아이는 외국어도 잘 알아듣는다. 해당 언어의 정보가 이미 잠재의식에 암묵기억으로 저장되어 있어서 그렇다. 그것을 언어 신경이 본능적으로 불러내어 지금 듣고 있는 말소리에 대입한다. 말소리에 관한 정보를 암묵지의 코드로 신경 처리하여 무슨 말인지 이해하며 알아듣는 것이다.

자기도 모르는 사이에 많은 일을 뇌에서 언어 신경이 자동으로 알아서 처리해준다. 듣기 지능의 힘이다. 언어를 듣고 이해하는 일에 여러 뇌 영역이 관여하는데, 특히 다음 그림에서 짙게 표시한 부위들이 큰 역할을 한다.

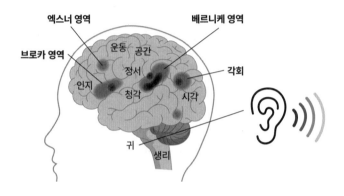

이처럼 듣기 지능의 신경 구조를 밑받침하는 조건 중에서 상당 부분을 선천적으로 가지고 태어난다. 유전자에 내장된 구조화 절차에 따라 듣기 지능이 발달하는 것이다. 어떤 언어의 듣기 지능을 발달시킬 것인지, 얼마나 훌륭하게 발달시킬지는 후천적인 환경과 교육에 달려 있다. 뇌 신경의 자기 조직화에 발맞춰 언어 자극을 어떻게 제공하느냐에 따라 언어지능의 발달 수준이 달라지기 때문이다. 모든 영역의 언어지능 발달이 마찬가지다.

듣는 일은 기본적으로 언어 신경이 언어 정보를 입력받는 행위다. 이를 위해 뇌에서는 듣기 신경 회로가 형성되어 일련의 절차에 따라 작동한다. 그 작동 절차를 간략하게 정리하면 다음과 같다.

말소리 지각 ➜ 해독 ➜ 청해 ➜ 연결 ➜ 메시지 이해

말소리 지각

말소리가 음파를 타고 들어와 고막을 울린다. 귓속에 있는 고막과 달팽이관 같은 기관들로 이루어진 '감각 등록기'가 그 소리 자극을 받아들여 '초기 처리'를 한 뒤에 뇌의 청각 신경으로 전달한다. 청각 신경은 주파수 패턴에 따라 소리의 정보를 분류하여 말소리로 파악되면 이를 언어 신경으로 전달한다. 그러면 언어 신경이 그 소리를 언어의 발음으로 지각한다.

음악에서 절대음감과 상대음감의 차이가 있듯이 언어의 음성·음운 감각에도 미세한 차이가 있다. 유전으로 타고나는 부분도 있지만, 어릴 때 노출되는 언어 자극의 영향도 크다. 미세청각이 취약하면 말소리 지각력이 낮아져 중요한 말을 들을 때 빈틈이 생기기 쉽고, 긴 이야기를 들을 때 피로감을 빨리 느낀다. 그래서 순조로운 청지각 능력의 발달이 중요하다. 갓난아기 때부터 좋은 말소리 자극을 꾸준히 제공할수록 청지각 능력의 암묵지가 예리하게 형성되면서 듣기 지능이 정교하게 발달한다.

해독

말소리를 전달받은 언어 신경은 인지 작업을 통해 그 말소리가 어떤 언어의 어떤 음소들로 이루어졌는지 파악한다. [파도]라는 말소리를 들었다면, 이 소리가 한국어 발음이고 /ㅍ/, /ㅏ/, /ㄷ/, /ㅗ/라는 음소들로 이루어졌다는 것을 알아낸다. 마치 암호 코드를 푸는 일과도 같다. 그래서 '해독'이라는 개념을 사용한다. 그런데 음소나 단어를 해독하려면 이와 관련한 정보를 장기기억에 이미 저장하고 있어야 한다. 사전 지식이 필요한 것이다. 따라서 갓난아기 때부터 부드러우면서도 또렷한 말소리를 많이 들려주어 음소와 단어의 정보를 장기기억에 저장하도록 돕는 일이 필요하다. 암묵지 방식으로 사전 지식이 많이 쌓일수록 해독하는 감각의 싹을 잘틔울 수 있다.

모국어의 경우 적당히 언어에 노출시키면 신경 발달과정을 통해 말소리 해독 감각을 저절로 상당히 터득할 수 있다. 영유아기에 좋은 언어 자극을 풍부하게 제공해주기만 해도 보통 수준은 어렵지 않게 해결된다. 하지만 유능한 해독 능력과 듣기 지능을 갖추려면 따로 더 노력할 필요가 있다. 평소 말을 알아듣는 데 큰 불편이 없더라도 중요한 언어활동에서 약점을 드러내며 불이익을 당하지 않으려면 그만큼 정교한 해독 능력이 요구되기 때문이다. 해독 과정은 베르니케 영역과 내측 전두엽을 주축으로 여러 영역이 협력하여 이루어지는데, 이때 어느 한쪽이라도 결함이 생기면 해독 능력이 취약해진다. 시험이나 예민한 과제를 수행할 때 뜻밖의 실수로 낭패를 볼 수 있다. 따라서 학령기부터는 해독 능력을 점검하며 취약한 부분을 보강하는 활동이 필요하다.

청해

말소리를 해독한 뒤에는 말의 뜻을 이해하면서 알아듣는 청해의 단계로 넘어간다. 장기기억으로 저장된 언어 지식을 활용하여 지금 듣고 있는 단어와 문장의 뜻을 이해한다. '종이'라는 말을 청해하려면, '종이'라는 단어의 발음과 뜻을 알고 있어야 한다. 장기기억에서 그 단어에 관한 정보를 인출하여 대입하면서 재인한다. 이때 '재인'이란 어떤 자극의 정보를 식별하여 알아차리는 인지 활동이다. 쉽게 말해서 알아듣는 것이다. [종이]라는 말소리가 포함된 말을 들을 때마다 무슨 의미의 단어인지 이해한다. 그러므로 청해를 잘하기 위해서는 어휘력과 문장 이해력을 적당히 갖추고 있어야 한다.

청해력을 갖추는 일은 언어 습득에 있어 가장 큰 고비가 된
다. 듣기 지능 발달의 중심 관문이기 때문이다. 청해력이 생
겨야 비로소 언어를 알아듣고 이해하며 소통하는 능력이 발
휘되기 시작한다.

청해력 역시 적당히 언어에 노출되면 저절로 상당히 발달
하지만, 유능한 듣기 지능을 갖추기 위해서는 추가적인 노력
이 필요하다. 사람들이 외국어를 공부할 때는 리스닝 listening
에 많은 노력을 기울이지만, 모국어를 청해하는 일에는 크게
관심을 두지 않는 편이다. 막연한 자신감 때문일 것이다. 그
러나 알고 보면 실제 언어생활에서 청해할 때 약점들이 많이
나타난다. 말귀를 잘 못 알아듣는 것도 그중 하나다. 무엇보
다 모국어 청해력부터 다지는 것이 순리다.

연결

보통 말할 때 한 단어, 한 문장씩 따로 떼서 말하지 않고
이어서 말한다. 이를 넓은 의미에서 '말 사슬'이라고 한다.
말 사슬의 흐름을 따라가며 알아들을 수 있어야 듣기가 자연
스러워진다. 그렇게 막힘 없이 알아듣는 것을 듣기의 유창성
이라고 한다.

처음 언어를 습득할 때 단어와 문장을 청해하는 능력을
갖췄다고 해도 말 사슬의 흐름을 따라가며 알아듣는 능력이

곧바로 생기지는 않는다. 유창하게 들으려면 시간이 꽤 걸린다. 그러므로 두 돌이 될 때까지는 천천히 또박또박 말하며 단어와 문장을 분절하여 들려줄 필요가 있다. 3~4세가 넘어 어느 정도 듣기의 유창성이 생긴 뒤에는 연결된 문장을 보통 속도로 들려주는 것이 좋다. 계속 느린 속도로만 말하면 유창성 발달에 필요한 자극이 부족할 수 있다. 나이에 따른 듣기 수준을 가늠하여 말하는 속도를 조절하면서 듣기 신경 회로가 활발하게 활동하도록 돕는다. 이를 위해 간단한 이야기를 자주 들려주되, 그 이야기가 적어도 서너 문장 이상 이어지도록 '스토리텔링'을 한다. 그러면 연결하여 듣는 신경에 가소성이 생긴다. 너무 어렵지 않은 복문도 적절히 섞어서 이야기한다. 3~4세부터는 간접화법을 비롯하여 다양한 형태의 말 사슬을 많이 들려준다.

책을 많이 읽어주는 것도 좋은 방법이다. 다양한 이야기가 말 사슬로 재미있게 구성되어 있어서 자연스럽게 단어와 구절과 문장의 흐름을 이해하며 들을 수 있다.

다양한 언어 환경에 노출되는 일도 중요하다. 가족의 울타리를 넘어 세상의 다양한 사람들과 접촉하여 저마다의 특징을 지닌 말 사슬에 익숙해지도록 한다. 이런 활동이 반복될수록 암묵지가 자동화되면서 유창한 언어능력을 기를 수 있다.

메시지 이해

듣기 절차의 종착점은 메시지를 이해하는 일이다. 말에 담긴 메시지를 이해하려면 말소리 지각부터 연결에 이르기까지 선행하는 듣기의 작동 절차를 잘 밟는 것이 우선이다. 여기에 더해 메시지의 뉘앙스까지 알아차려야 말을 정확하게 알아듣는다. 예를 들어 "잘했다, 잘했어."라는 말을 들었을 때 행간에 스며 있는 의미를 제대로 읽어야 칭찬의 메시지인지 비아냥의 메시지인지 간파할 수 있는 것이다. 이런 행간 의미를 언어학에서는 '화용' 의미라고 한다. 맥락을 통해 파악할 수 있는 의미다.

듣기 활동에서 화용 의미까지 파악하려면 입체적으로 메시지를 이해하는 능력이 필요하다. 보통 3~4세부터 화용 능력이 크게 발달하기 시작하는데, 이 시기에 맞춰 다양한 상황에서 대화를 많이 나누며 맥락을 파악하는 지능을 기를 수 있게 적극 도와야 한다.

언어를 습득하고 나면 모든 듣기 절차가 순식간에 본능적으로 처리되지만, 아이가 언어를 처음 배울 때는 그렇지 못하다. 서툰 상태로 조금씩 익혀나간다. 말소리 지각, 해독, 청해, 연결, 메시지 이해로 이어지는 일련의 절차를 어느 정도 숙달하려면 적어도 3~4세는 되어야 한다. 그 뒤로 사춘기까지 듣기 지능이 꾸준히 발달한다.

듣기 지능의 발달단계

보통 아이가 언제부터 말하고, 어떻게 말하는지를 보면서 그 아이의 언어 발달 상태를 가늠한다. 그래서 언어 발달 주기를 설명할 때 말하기 능력을 기준으로 삼고는 한다. 그런데 말하기에 앞서 듣기 능력이 먼저 발달한다. 단어를 입으로 말하기 전에 귀로 먼저 알아듣는 것이다. 따라서 영유아기 듣기 신경의 발달 주기를 이해할 때는 '타임라인'을 조금씩 앞당겨야 한다. 학령기부터는 듣기와 말하기의 발달 주기의 시차가 좁혀지면서 거의 일치한다. 이런 점을 고려하면서 어린이 언어 발달단계를 살피고 양육과 교육에 반영해야 한다.

듣기 신경은 태아 때부터 발달한다. 임신 6개월 즈음에 청각 신경이 생겨나 발달하기 시작하는데, 이때 부드러운 음악, 백색소음, 부모의 다정한 목소리를 많이 들려주는 것이 좋다. 아기의 정서가 안정되면서 청각 신경도 잘 발달한다. 다만 무언가를 억지로 가르치려는 목적에서 너무 많은 것을 들려주는 일은 피해야 한다. 지나친 자극은 청각 발달에 부담을 준다.

생후 2~3개월까지 아이는 말소리에 많은 관심을 기울이며 점점 듣는 것에 익숙해진다. 엄마 아빠 외에 다른 사람의 목소리를 알아차릴 수 있을뿐더러 모국어와 외국어의 발음도 구별할 수 있다. 물론 정확하게 구별하는 것이 아니라 말소리나 말투의 차이를 어렴풋이 느끼면서 다르게 반응하는 정도다. 이 시기 아이들은 말소리의 리듬과 감정에 민감하게 반응하므로 될 수 있는 한 부모의 다정한 목소리를 많이 들려주는 것이 좋다. 그래야 안정감과 행복을 느끼며 언어 신경이 왕성하게 발달한다.

말소리를 알아듣는 음운 신경이 발달하는 데는 청지각 능력이 반드시 협응해야 한다. 그래서 청각 환경이 중요한데 우리 주변에는 알게 모르게 청지각 신경을 방해하는 요소들이 많다. 소리 자체를 듣기 힘들게 만드는 '물리적 차폐 energetic masking'와 소리가 들려도 필요한 정보는 파악하기 어려운 '정보적 차폐 informational masking'가 흔히 발생한다.

지나치게 시끄러운 환경은 아기의 청지각을 물리적으로 방해하여 청력에 좋지 않은 영향을 미친다. 그렇다고 조용한 환경을 계속 유지하는 것이 아이의 청력에 좋은 것만도 아니다. 적막할 정도로 조용한 상태가 일상화되면 청각, 정서, 인지발달에 필요한 자극을 줄 수 없어서 청지각 신경 발달에 오히려 해롭다. 따라서 아기의 생체리듬과 조화를 잘 이루는 백색소음을 적절히 활용하면 청지각 신경이 건강하게 성장하는 데 많은 도움이 된다. 감미로운 음악 소리나 바람 소리, 빗소리, 시냇물 소리, 파도 소리, 낙엽 지는 소리 같은 자연의 소리를 들려주는 것도 듣기 신경 회로를 안정시키고 음운 신경을 활성화한다.

3~5개월 즈음에는 아이가 음소를 조금씩 해독하기 시작한다. [물]이라는 말소리를 들으면 /ㅁ/, /ㅜ/, /ㄹ/이라는 음소들로 이루어진 발음이라고 파악하는 것이다. 이 시기 아이는 자주 접하는 약 30~100개 범위의 단어에 집중하며 해독력을 키우기 시작하는데 평균 50개 정도의 어휘를 기초설정값처럼 활용한다. 그러므로 기저귀를 갈거나 잠잘 때처럼 일상생활에서 자주 쓰는 말을 다정한 말투로 또렷하게 들려주면 반복적인 언어 자극이 가해져 해독하는 지능이 잘 발달한다. 음성을 코딩하는 능력이 자연스럽게 뿌리를 내린다.

5~6개월 즈음해서 낱말을 해독하기 시작한다. [말]과 [물]처럼 비슷하게 들리는 말소리의 음소를 구분할 수 있다. "맘마 줄까?"에서 '맘마'와 '줄까'가 서로 떨어질 수 있는 말이라는 것도 알아차린다. 이때 평소 자주 쓰는 낱말을 꾸준히 들려주면 발음을 해독하는 능력을 키우는 데 도움이 된다.

6~12개월 무렵에는 낱말의 뜻도 상당수 이해한다. 몇몇 낱말들은 그 뜻을 제대로 알아듣는다. 청해하기 시작하는 것이다. 말하기에서는 18~24개월 즈음에 '어휘 폭발'이 일어나지만, 듣기에서는 그 이전에 이미 상당한 어휘를 알아듣고

이해한다. 그러므로 아이가 아직 말을 하지 못하더라도 부모가 다정한 수다쟁이가 되어서 풍부한 언어 자극을 꾸준히 제공하는 것이 좋다. 이 시기 아이는 주로 가족의 호칭, 자주 먹는 음식 이름, 장난감 이름, 색깔 이름 같은 것에 관심이 많다. 50개 안팎의 관심 단어를 시작으로 조금씩 낱말과 문장을 늘려가면 듣기 신경이 효과적으로 발달한다.

1~2세 무렵에는 문장을 청해하는 능력도 크게 발달한다. 이 시기에 다양한 형식의 문장을 사용하여 대화를 나누면 청해하는 지능이 빠르게 성장한다.

2~3세에 이르면 문법을 이해하며 듣는 능력이 발달하여 틀린 문장과 맞는 문장을 구별하기 시작한다. 문법에 맞게 말하는 능력은 아직 부족하지만, 들을 때 문법적으로 이해하는 감각은 민감하게 발달한다. 따라서 다양한 문법 사항과 규칙을 자연스럽게 문장에 담아 들려주면 문법 구조를 이해하며 청해하는 능력이 크게 향상된다.

3~7세 즈음에는 정교하게 듣는 능력이 생긴다. 앞뒤 내용을 연결하여 행간의 뜻을 파악할 수 있다. 말하는 상황에 따라 말의 의미를 탄력 있게 알아듣는 능력이 발달하기 시작하는 것이다. 따라서 언어맥락의 적응력을 높일 수 있도록 여러 상황에서 다양한 문장구조를 듣고 말할 수 있게 기회를 많이 제공해주는 것이 좋다. 한 연구 결과에 따르면 복문을 40%

정도 사용하는 엄마가 양육한 자녀는 자기 언어생활에서 복문을 35% 정도 사용하는 화자로 성장한다. 반면에 복문을 20% 정도 사용하는 엄마의 경우 자녀가 10% 정도의 복문을 사용하는 화자로 성장하는 것으로 나타났다.[23] 평소 언어생활에서 복문을 과도하게 사용하는 것은 좋을 게 없지만, 복잡한 문장의 구조도 잘 알아듣고 이해하면서 필요할 때 적절히 사용하는 능력은 지능과 사고의 발달에 효과적인 자극을 제공한다. 특히 논리적 사고력 발달에 영향을 크게 미친다. 적당한 수준의 복잡한 문장을 활용하고 다양한 상황에서 소통하며 언어 외적 맥락에 적응하는 경험이 많을수록 좋다.

7~8세 무렵부터 현실 언어에 적응하며 실존적으로 듣는 능력을 갖추기 시작한다. 친구가 말하는 것, 선생님이 말하는 것을 어떻게 들어야 하는지 파악하고 필요에 맞춰 들을 줄 안다. 학령기 초기에 수업을 듣고 교우관계를 맺으며 학교생활의 첫걸음을 잘 내딛는 일은 사회적 언어지능과 실존지능의 발달에 큰 영향을 미친다.

사춘기 때는 자아정체성을 정립해가는 과정에서 실존적 언어지능을 더 깊게 터득한다. '상호주체성'을 예민하게 인식하며 실존적으로 메시지를 처리하는 능력을 갖춘다. 다른 사람의 존재도 나의 실존에 필요하다는 사실을 인식하며 한 차원 높은 수준의 화용 능력을 체득해간다.

말귀를 못 알아듣는 이유

언어소통에는 화자와 청자가 있고, 상황과 맥락이 있고, 메시지도 있다. 의사소통이 잘 되기 위해서는 화자가 말을 잘해야 할 뿐만 아니라 청자 역시 메시지를 잘 들어야 한다. 화자가 'a, b, c'를 말할 때 'a, b'만 알아듣거나 엉뚱하게 'a, d, f'로 알아들으면 소통이 제대로 이루어지지 않는다. 성실하게 들으면서 정확하게 메시지를 수용해야 한다.

그런데 요즘 아이들의 경우 말귀를 잘 알아듣지 못해 일상생활은 물론이고 학업에까지 결함이 생기는 일이 적지 않다. 수업 시간에 선생님의 설명을 알아듣지 못해 학습에 어려움을 겪거나 친구들과 소통할 때 오해가 생겨서 문제를 일으키기도 한다. 낯선 사람과 소통하며 분별력 있게 듣는 일에는 더욱 미숙하여 거짓말이나 꾀임에 속아 넘어가기도 쉽다. 이렇게 말귀를 잘 못 알아듣는 배경에는 여러 가지 요인이 있는데, 그중 주된 요인을 세 가지만 뽑으면 다음과 같다.

첫째, 주의 집중력의 부족이다. 모든 듣기 활동의 전제 조건인 주의 집중력이 떨어지면 말귀를 알아듣기 이전에 언어생활의 기본 태도부터 문제가 생긴다. 요즘 아이들은 남의 말을 귀 기울여 듣지 않고 설렁설렁 듣는 경향이 있다. 이는 집중해서 듣는 일이 얼마나 중요한지 충분히 경험하지 못하며 자란 탓이 크다. 언어교육은 학교 이전에 가정의 소통문화에서 시작된다. 가족끼리 대화를 많이 나누고 서로의 이야기에 귀기울이고 성의껏 반응하는 경험이 쌓여야 한다.

디지털 매체의 영향도 크다. 자극적인 미디어 콘텐츠에 빠져 살다 보면 아날로그 방식의 언어활동에 집중력이 떨어지기 쉽다. 뇌 신경이 디지털 매체의 정보 자극을 입력받는 조건에 최적화되면서 다른 조건에 취약해지는 것이다. 이런 문화적 함정에 빠지지 않기 위해서는 어른들부터 디지털 기기에 과의존하는 모습을 보여주지 않도록 노력하고, 아이들 역시 디지털 매체에 지나치게 빠지지 않도록 경계해야 한다.

둘째, 언어의 내적 의미 구조에 관한 지능의 취약성이다. 쉽게 말해 문장의 뜻을 이해하지 못하는 경우다. 문장을 이루는 성분을 제대로 알지 못하면 정확한 뜻을 파악하기 힘들어진다. 가장 흔하게 나타나는 취약점은 부실한 어휘력이다. 남들은 다 아는데 혼자 모르는 단어가 많으면 당연히 어떤 내용인지 알아들을 수 없다.

셋째, 맥락을 이해하는 지능의 결함이다. 메시지에 어떤 뉘앙스가 스며 있는지 알지 못하면 그 속에 담긴 의미를 제대로 파악할 수 없다. 말귀를 못 알아듣는 데 가장 큰 영향을 끼치는 요인이다. 요즘은 외동으로 크는 아이들이 많고 이웃과의 교류도 적다 보니 다양한 대화 상황을 통해 화용 능력을 쌓을 기회가 부족할 수 있다. 그로 인해 메시지를 처리하는 지능 발달이 취약해지기 쉽다.

말귀를 잘 알아들으려면 화용 능력, 즉 맥락을 고려하여 메시지를 수용하는 능력이 필요하다. 화용 맥락에는 언어의 내적 맥락과 외적 맥락이 있다. 예를 들어 수업 시간에 교사가 "어제 숙제 내준 거 기억하고 있지요? 알려준 대로 그걸 내일까지 꼭 제출해야 해요!"라고 말했다고 가정해보자. 이때 '그걸'이 무엇을 뜻하는지 알아들으려면 내적 맥락을 이해해야 한다. 말속에 단서(숙제)가 들어있기 때문이다. 이와 달리 '알려준 대로'가 무슨 말인지 알아들으려면 문장 밖에서 단서를 찾아야 한다. 누가, 언제, 어떻게 알려줬는지 상황적 맥락을 이해해야 하는 것이다. 만약 교사가 알림 게시판을 가리키며 말했다면 거기에 알려준 내용이 적혀 있을 것이다. 그런 식으로 '내일까지 꼭'이라는 말에 숨겨진 함의도 알아들어야 한다. 이 말에는 내일 그 숙제와 관련한 수업을 할 예정이라던가, 숙제를 수행평가에 반영할 것이라는 뜻이 담겨 있을 수도 있다.

이렇게 메시지를 제대로 이해하려면 언어의 내적·외적 맥락을 모두 챙기면서 들어야 하고, 아울러 비언어적 요소까지 신경을 써야 한다. 예시에서 교사가 알림 게시판을 가리킨 것이 바로 비언어적 요소다. 이런 화용 능력을 갖추려면 다

양한 언어 상황을 경험하면서 자연스럽게 맥락 적응력을 키
워야 한다.

경청하는 언어지능

언어생활에서 듣기를 잘하는 첫째 덕목이 바로 '경청'이
다. 듣기 언어지능의 척도로 통한다. 경청은 모든 언어소통
에서 늘 중요하다. 주변 사람들과 대화할 때도, 수업 시간에
교사의 설명을 들을 때도, 사회생활을 할 때도 경청하는 습
관이 필요하다.

상대방의 말을 듣는 일은 언어 정보를 입력받아 수용하는
행위라서 수동적인 면이 있지만 의외로 능동적인 역할도 많
이 포함한다. 청자는 들으면서 화자의 언어를 조절할 수 있
다. 호응하고 대꾸하고 질문하면서 대화 분위기를 엮어갈 수
있는 것이다. 듣기와 말하기는 상호적이면서 순환적이다. 성
공적인 소통을 위해 화자는 성의 있게 말하고 청자는 귀담아
들어야 한다. 그래야 말하는 사람의 메시지가 온전하게 전달
되고 듣는 사람의 반응이 의미 있게 되먹임한다.

경청이란 그냥 열심히 듣는다고 해서 되는 것이 아니다.
이론적으로 말하면 경청은 청각 정보를 수집하고 처리하는

것에서 시작하여 주의 집중, 언어 이해, 기억, 예측, 사회적 인지, 반응 생성에 이르기까지 복잡한 인지신경학적 과정을 포함한 활동이다. 이를 위해 뇌의 여러 영역이 협력하는데 특히 전두엽, 측두엽, 두정엽, 청각 피질 등이 중요한 역할을 한다. 이런 기능이 순조롭게 작동하려면 듣기 지능의 원리를 잘 이해하며 따라야 한다.

경청은 교감하며 듣는 것이다. 서로 마음을 열고 '라포르'를 형성하면서 듣는다. 이를 신경과학에서는 '신경 궁합' 또는 '신경 짝짓기 neural coupling'라고 한다. 화자와 청자의 신경 작용이 통하는 것이다. 서로 통하며 교감한다고 해서 상대의 말에 무조건 동조해야 하는 것이 아니다. 정서를 공유하되 중심은 지킨다. 내용의 타당성을 판단하면서 생각이 다를 때는 반대도 할 수 있다. 파트너십을 지키면서도 비판적으로 듣는 것이 진정한 경청이다. 따라서 교감을 나누는 '경청'은 성숙한 듣기 지능의 필수 요건이라 할 수 있다.

사람은 대개 듣기보다 말하기를 좋아한다. 자기표현의 욕구 때문이다. 그러다 보니 경청에 소홀해지기 쉽다. 그러나 대화는 상대적이다. 상대방의 입장을 배려하며 경청할 때 상대도 나의 말에 귀 기울여준다.

경청은 화자의 메시지를 정확하고 온전하게 청해하도록 돕는다. 메시지에 들어있는 중요한 내용을 하나도 빠짐없이 잘 듣는 것이다. 그런데 실제 대화에서 화자와 청자가 100% 정확하게 말하고 듣기는 힘들다. 언어기호는 마음 그 자체가 아니어서 말하려는 의도를 온전하게 담아내지 못하고 다소의 어그러짐이 발생하기 때문이다. 피할 수 없는 헐거움이 생기는 것이다. 게다가 화자가 말하는 과정에서 헐거운 언어를 운용하는 능력에 또 틈새가 생긴다. 또 자기 뜻을 언어로 표현하기 위한 실천 능력이 부족할 수도 있다. 이를 수용하는 청자 쪽에서도 메시지를 청해할 때 새로운 틈새가 더 생기고는 한다. 인간은 불완전한 존재이고, 그런 인간이 만들어 사용하는 언어도 불완전하기 때문이다. 해체주의 철학자 데리다J. Derrida는 언어에 필연적으로 생겨나는 틈새를 '차연'이라고 불렀다.[24] 언어소통은 그런 틈새를 감안하면서 수행해야 한다. 경청은 틈새를 최대한으로 메우면서 듣는 노력을 포함한다. 그래서 정말로 경청을 잘하기 위해서는 상당한 지능이 필요하다. 화자가 'a'라고 말했지만, 사실은 'a''에 가까운 뉘앙스를 지녔다면 그것을 놓치지 않고 이해하면서 메시지의 진의를 파악해야 한다. 맥락을 이해할 뿐만 아니라 화자의 마음도 헤아리면서 들어야 하는 것이다. 그런 과정에서 자연스럽게 교감이 형성되기도 한다.

그렇게 경청하는 태도는 마땅히 화자에게 느껴진다. 언어의 실천 지능 속에는 대인관계를 처리하는 '사회적 인지'의 신경 기능이 암묵지로 내장되기 때문이다. 청자 역시 진심으로 경청하면 자기도 모르게 화자의 몸짓과 표정에 반응하며 비슷한 행동을 보이는 '미러링 mirroring' 현상이 나타난다. 자연스러운 반사 신경 작용의 결과다. 그런 것을 '카멜레온 효과'라고도 한다. 그런데 진심으로 경청하지 않으면 그런 현상이나 효과가 나타나지 않는다. 신경 작용이 자연스럽게 작동하지 않기 때문이다. 진심으로 들어야 경청이 되고, 그래야 신경 기능이 호응한다. 이렇듯 경청은 침묵하면서 귀로만 듣지 않는다. 입으로, 온몸으로 그리고 마음으로 듣는다.

경청하는 언어지능이 발달하는 과정은 어린이의 전인적 성장 단계의 영향을 받는다. 경청 능력은 특히 대인관계 지능과 밀접한 관련이 있다. 얼핏 생각하기에 6~7세 무렵부터 상대의 입장을 이해하기 시작하는 것처럼 보이는데, 사실 이보다 훨씬 이전인 3~4세부터 다른 사람의 의도나 감정을 알아채는 '마음 이론' 지능이 발달하기 시작한다. 학령기 즈음에는 이 능력이 겉으로 드러나면서 타인의 관점에서 생각하고 느끼고 이해하며 행동하기 시작한다. 이런 과정이 순조롭게 발달해야 한다.

경청은 개념과 원리를 잘 안다고 해서 실생활에서 바로 실천할 수 있는 능력이 아니다. 구체적인 지능화가 필요하다. 특히 10대 이전의 아이들에게는 추상적인 설명으로 경청하는 법을 가르치기 어려우므로 더욱 그렇다.

교감하며 경청하는 지능 발달에는 거울 뉴런의 역할이 상당히 큰 몫을 한다. 거울 뉴런은 하두정엽의 운동피질에 자리 잡고 있는데, 다른 사람과 상호작용하는 데 필요한 신경 기능을 담당한다. '미러링'과 '카멜레온 효과' 같은 현상들도 모두 거울 뉴런의 기능을 통해 생겨난다. 그래서 아이가 모방하며 배울 수 있는 본보기가 필요하다. 어른들이 보여주는 언행이 아이의 언어 태도를 대부분 결정짓는다. 일상 언어생활에서 아이에게 말할 기회를 많이 주고, 그때마다 어른이 자기 말에 귀 기울여준다고 느끼는 경험을 많이 갖게 한다. 그러면 모방할 만한 긍정적 본보기가 생겨서 거울 뉴런에 효과적으로 반사한다. 어릴 때 쌓은 암묵지는 이후 지능 발달과 학습에 '누적 효과'와 '성숙 효과'를 낳으며 계속 영향을 미친다. 이렇게 초두 효과를 내면서 발달에 관여하는 요인을 '발달의 창'이라고도 부른다. 성장기에 경청하는 언어지능에 필요한 발달의 창을 잘 열어줄 필요가 있다.

내면 언어 듣기와 성찰하는 자아 소통

모든 영역의 언어지능이 그렇듯이 듣는 힘도 자아 속에서 자란다. 자아는 복잡한 구성물이다. 진공 속에 고립된 것이 아니라 사회적 삶 속에 실존하기 때문에 더욱 그렇다. 아이가 처음 언어를 습득할 때 외부로부터 남의 말을 들으며 언어 정보를 입력받는다. 그래서 언어지능은 외부 환경, 즉 사회로부터 영향을 받는다. 하지만 그것만으로 언어지능이 완성되지 않는다. 자기화하는 능력이 더 필요하다. 아무리 많은 정보와 지식이 주입되더라도 그것을 자기 것으로 소화하지 못하면 쓸모 있는 지능이 되지 못한다. 그만큼 자아 내면의 역할도 중요하다. 이렇듯 언어지능의 완성을 위해서는 세 가지의 역할이 모아져야 한다. 타고나는 언어지능의 본성, 사회적 환경, 자아의 주체적 역할이 그것이다.

아이는 옹알이 단계에서 말하는 연습을 하며 자기 목소리 듣기에 적응한다. 여기에 중요한 의미가 내포되어 있다. 언어를 자기화하는 '자기 주도성'이 싹트는 것이다. 자기 목소리를 듣고 조금씩 다듬어가는 정교화 과정을 밟는다. 이런 신경 절차가 이루어지는 회로를 '청각-운동 피드백 루프'라고 하는데 자기 청취가 활발할수록 시냅스 가소성이 높아진다.

2세 이상 아이들은 상상 속 친구와 혼잣말로 대화를 나누며 소통하는 파트너십 지능을 키운다. 또 하나의 자아인 상상의 친구와 역할 놀이를 하며 듣고 말하는 능력을 기르는 것이다. 자기 중심성이 강한 시기지만, 조금씩 다른 사람의 마음을 이해하고 자기 자신을 객관화하기 시작하면서 언어의 자기화 수준을 높여간다.

10대가 되면 입 밖으로 소리 내는 혼잣말은 줄어들고, 내면의 대화가 늘어난다. 마음의 소리를 들으며 남의 말을 반성적으로 소화한다. 자기와 타인의 말을 대비하면서 언어의 정체성과 주체성도 다져나간다.

소리 내어 말하는 혼잣말이나 내면의 대화는 모두 다른 사람과 소통할 때와 같은 언어처리 과정을 밟는다. 스캐너로 뇌를 관찰하면 같은 신경 회로가 활성화되는 것을 확인할 수 있다. 이렇게 자아와 대화를 나누는 일은 다른 사람과 소통하는 것만큼이나 언어지능 발달에 중요한 역할을 한다.

어린이가 정체성을 형성해가는 과정에서 자아가 여러 갈래로 분화하는데, 그것이 뇌 신경의 구조화와 맞물린다. 수많은 신경 회로가 형성되어 배선을 갖추고 그에 따라 신경 기능이 분화되어 자아 갈래가 많이 늘어난다. 정신 활동을 벌일 때마다 자아의 갈래들이 목소리를 낸다. 이를 잘 들으며 소통할 줄 알아야 한다.

의사소통이라고 하면 흔히 둘 이상의 사람들 사이에서 이루어지는 활동이라고만 생각한다. 그러나 혼자서도 그런 활동을 한다. 한 사람의 내면에 존재하는 여러 자아가 서로 대화한다. 자기 대화를 하는 것이다. 그런 것을 '자아 소통'이라고 한다.

영유아기에는 혼잣말로 자아 소통을 많이 하면서도 그 사실을 스스로 의식하지 못한다. 학령기는 되어야 이를 의식하며 자기 대화를 나눌 수 있다. 10대부터는 자기 대화가 한층 깊어진다.

자아의 기능들이 내면으로 소통하는 네트워크를 신경과학에서 '자아 중추'라고 부른다. 내측 전두엽 피질, 후대상 피질, 섬엽, 측두하회 등 뇌 영역들이 네트워크로 배선되어 소통하며 자아를 인식하고, 그 존재를 느끼고, 과거 경험을 반추하고, 미래를 계획한다. 자기 정신력을 조절하고 모든 지적 활동을 조율한다. 메타인지, 메타기억, 메타지능의 기능을 담당한다. 지능 발달의 운전대를 쥐고 있는 것이다.

그런 자아 중추는 내면의 밀실이자 광장과도 같다. 남을 의식하지 않고 대화를 나누며 언어지능을 키우고 소통 능력을 연마하는 터전이다. 마음을 다잡고 재충전하는 '다목적 보금자리'라 할 수 있다.

자아의 내면에서는 순간마다 수없이 많은 목소리가 속삭인다. 그 하나하나가 소중한 자아의 삶을 엮어가는 내적 노동의 표현들이다. 어떤 것은 즐거운 속삭임이기도 하고, 어떤 것은 고통스러운 외침이기도 하며, 또 어떤 것은 진지한 사색의 중얼거림이기도 하다. 그에 귀 기울여 지금 가장 중요한 목소리가 무엇인지 판단하고, 그 메시지에 집중하여 현명하게 문제를 해결해갈수록 내면이 깊어지고 언어지능이 탄탄하게 발달한다.

아이는 성장하면서 숱한 스키마를 내면에 형성한다. 여기서 '스키마'란 크고 작은 지식의 덩어리들을 암묵지로 습관화한 것이다. 그중에는 정확하고 유용한 지식도 있지만, 부정확하거나 유해한 지식도 있다. 그러므로 자기 대화를 통해 배움의 목소리들을 올바로 가다듬어갈 필요가 있다.

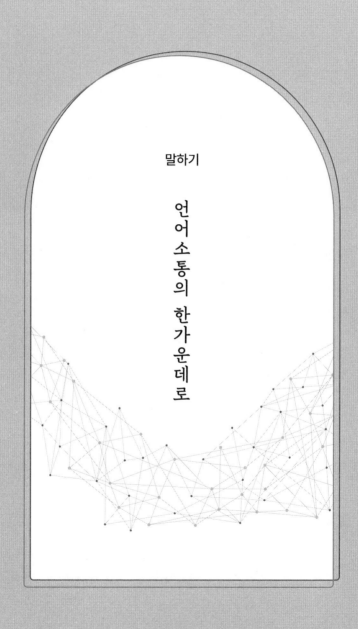

말하기

언어소통의 한가운데로

19세기 링컨은 게티즈버그 추도사에서 "국민의, 국민에 의한, 국민을 위한 정부"라는 말을 남겼다. 이 말은 오늘날 민주주의 원칙을 대변하는 격언이 되었다. 이처럼 사람의 말에는 놀라운 힘이 있다.

영향력 있게 말을 잘하는 것은 상당한 능력이다. 그런 능력은 어디서 오는 걸까? 소수의 축복받은 사람들이 타고나는 재능인가? 아니면 누구나 노력하면 발휘할 수 있는 지능인가?

말하기 지능의 작동 절차

남이 말하는 것을 많이 들으면 말을 잘할 수 있다고 이야기하는 사람들이 있다. 또 어떤 이들은 스스로 말하는 연습을 많이 해야 한다고 주장한다. 어느 쪽이 맞을까? 두 가지 견해 모두 절반씩 맞다.

남의 말을 들으며 이해하는 지능과 자기 말로 표현하는 지능의 회로는 서로 통한다. 뇌 신경에 입력된 언어를 이해하여 기억으로 저장하는 일에 베르니케 영역이 깊이 관여하는데[25] 이것이 말로 표현하는 브로카 영역과도 긴밀하게 연결되기 때문이다. 다른 사람의 말을 많이 듣고 기억하여 언어 정보가 쌓이면 인출하여 표현할 수 있는 자원도 풍부해진다. 많이 들을수록 말하는 능력도 좋아지는 것이다.

그러나 듣는 것만으로는 말하기 능력이 충분하게 발달하지 않는다. 외부에서 입력받은 언어 정보를 100% 다 자기 입으로 표현해내지 못하기 때문이다. 링컨의 연설을 들었다고 해서 모두 링컨처럼 말하지 못하듯이 좋은 말을 많이 들었다고 해서 저절로 유창한 말솜씨가 생기지 않는다. 말을 잘하려면 어릴 때부터 말하기 능력을 키우기 위한 노력이 추가로 필요하다.

말하기는 언어를 산출하는 행위다. 말을 할 때 우리 뇌에서는 말하기 신경 회로가 작동하면서 언어를 지능적으로 처리한다. 이 과정을 요약하자면 다음과 같은 절차로 이루어진다.

발언 의도 ➡ 내용 설정 ➡ 문장 구성 ➡ 음운 처리 ➡ 발화

발언 의도

누구에게 왜, 어떤 말을 할지 생각한다. 모국어를 매일 사용하다 보면 언제, 어떤 의도가 생겼는지도 모르는 사이에 곧바로 말하는 경우가 많다. 말하기 절차가 지능적으로 자동화되었기 때문이다. 그러나 말을 처음 배울 때나 중요한 발언을 할 때, 외국어 초보자가 외국어로 말할 때와 같은 상황에서는 발언 의도를 구체적으로 의식한다.

아이가 언어를 습득하여 말하기 시작할 때는 어떤 의도에서 무슨 말을 할까? 자주 듣는 말부터 한다. 그러면서 점차 생리적·정서적 욕구에 따라 자기 나름의 의도가 생겨난다. 애정 욕구에 따라 '엄마'라는 말을 하고, 생리 욕구에 따라 '맘마', '물', '응가' 같은 말을 한다. 성장 단계에 따라 표현력이 자라면서 다양한 의도로 말한다. 이런 과정에서 지나치지도 모자라지도 않게 꼭 필요한 때에 적절한 발언 의도를 갖는 지능을 키워야 한다.

내용 설정

발언 의도를 갖고 나면 말할 내용을 설정한다. 시인이 시를 쓰겠다는 마음을 먹는다고 해서 시 내용이 저절로 구체화되지 않듯이 발언 의도가 생겼다고 말할 내용이 술술 떠오르지는 않는다. 의도에 맞게 내용을 잘 구성해야 한다. 아무리 의도가 좋아도 내용을 잘 꾸리지 못하면 말의 전달력이 떨어진다. 말할 내용을 어떻게 정하느냐에 따라 발언 의도를 100% 살릴 수도 있고, 반의반도 못 살리기도 한다. 어릴 때부터 메시지 내용 구성력을 키워야 한다.

문장 구성

적절한 내용을 정했으면 그에 알맞은 단어들로 배열하여 문장을 구성한다. 같은 내용이라도 어떻게 문장을 구성하고 표현하는지에 따라 느낌과 호소력이 달라진다. 예를 들어 대입 면접에서 "저는 커뮤니케이션학에 관심이 많습니다."라고 말하는 것과 "저는 사람들이 소통하며 살아가는 문제에 관해 깊이 탐구하고 싶은 열망이 큽니다."라고 말하는 것은 면접관에게 사뭇 다른 느낌을 줄 수 있다. 둘 다 커뮤니케이션학을 전공하고 싶다는 의도의 내용이 담긴 발언을 했지만, 문장 구성에 차이가 있어 전달력이 다르다. 평소 논리적으로 문장을 구성하는 습관을 들이고, 특히 면접, 발표, 토론 등 격식 있는 말하기 상황에서 호소력 있는 문장으로 표현하는 방법을 익힐 필요가 있다.

음운 처리

구성한 문장을 말소리로 담아낸다. 숙달된 화자는 음운 규칙에 맞춰 문장을 자동으로 처리하지만, 언어를 습득하는 과정에 있는 아이들에게는 어려운 과제 중 하나다. 언어를 습득하고 나서도 실수하는 일이 자주 생긴다. 아나운서처럼 정확하고 듣기 좋은 발음을 구사하면 더할 나위 없이 좋겠지만, 적어도 잘못된 발음이 습관화되지 않도록 어릴 때부터 신경 쓰는 것이 좋다.

발화

이제 소리 내어 말할 차례다. 유창한 발화가 필요하다. 발화는 이미 준비된 말을 쏟아내는 거라서 별로 어려움이 없을 것 같지만, 그렇지 않다. 발음이 어눌하여 남들이 무슨 말인지 못 알아들을 수도 있고, 상황 판단력이 부족하여 아예 말할 타이밍을 놓칠 수도 있다. 발화를 방해하는 여러 요인 가운데 가장 흔한 것이 말더듬이다. 누구나 말 더듬는 현상을 종종 겪지만, 거기에 심리 문제까지 겹치면 습관으로 굳어질 수 있다. 그런 일이 생기지 않도록 여러모로 주의해야 한다. 아이가 말을 머뭇거릴 때는 답답해하면서 심리적 부담을 주지 말고 마음 편히 말할 수 있게 기다려준다. 표정이나 손짓 같은 비언어적 요소를 사용하는 것도 발화에 도움이 된다.

평소 말할 때 목소리 톤을 조절하거나 제스처를 적절히 활용하면 더욱 생생한 발화 능력으로 성공적인 대화를 나눌 수 있다.

말하기 지능의 발달단계

보통 첫돌 즈음에 말하기 시작하지만, 이때 말하는 법을 갑자기 배워서 수행하는 것이 아니다. 그전부터 조금씩 준비 과정을 거친다. 옹알이로 말하는 연습을 하다가 때가 되면 진짜 언어를 말하기 시작한다.

말하기는 다른 언어 영역들과 밀접한 관계를 맺는데, 특히 듣기와의 관계가 아주 긴밀하다. 듣기가 언어를 입력받는 일이라면 말하기는 언어를 출력(산출)하는 일이다. 그런데 언어를 산출하려면 어느 정도 언어 정보가 축적되어야 가능하다. 그래서 첫돌 무렵까지 꾸준히 입력받은 언어 정보를 차곡차곡 암묵기억으로 저장한 뒤에 이 언어 자원을 재활용하거나 응용하며 말한다. 이런 과정에서 언어 정보의 기억을 저장하여 처리하는 영역이 인공지능에서의 입력층과 출력층 사이에 존재하는 '은닉층'과 비슷한 역할을 한다. 그러므로 아직 말문이 트이기 전 단계부터 은닉층에 언어 자원을 충실하게 쌓으면서 말하기 예비 조건을 갖춰나가야 한다.

갓난아기는 울음이나 몸짓으로 의사를 표현한다. 그에 민감하게 반응해줄수록 자기 뜻을 표현하는 감각이 잘 발달한다. 발화 의도를 자연스럽고 편하게 구현하는 잠재력이 된다.

생후 2~3개월 무렵부터 입으로 소리를 내기 시작하는데 모음을 이용한 흥얼거림에 가깝다. 마치 비둘기 울음소리 같다고 해서 '쿠잉 cooing'이라고 한다. 넓은 의미에서 옹알이 예비 단계로 볼 수 있다. 이런 목 울림소리도 자기 나름의 의사 표현이기 때문에 적극 호응해주는 것이 중요하다.

4개월 즈음에 자음과 모음을 결합하여 언어의 음절에 해당하는 소리를 내기 시작한다. 옹알이라고 부르는 발화 형태다. 개월 수가 늘어날수록 옹알이가 왕성해져서 8~10개월 무렵에는 실제 언어에 가까워진다. 만약 이 시기에 옹알이를 잘 하지 않는다면 언어 발달에 문제가 있다는 신호이므로 전문가의 도움을 받아 섬세하게 대처하는 것이 좋다.

1세 무렵부터 실제 단어를 말하기 시작하면서 옹알이가 점차 줄어들다가 18개월 즈음에 거의 다 사라진다. 대화를 많이 나눌수록 실제 언어로 빨리 전환된다. 아기랑 대화할 때 "어구, 우리 아가! 잘 잤쩌?", "잼잼, 이렇게 해볼깡?"처럼 귀엽게 표현하는 말투를 '아가 말'이라고 하는데, 어떤 학자는 이런 말투가 제대로 된 문장 표현을 배우는 데 방해가 된다고 주장한다. 반대로 정서적 교감이 중요하므로 정감 있는 '아가 말'로 대화하는 것이 언어 발달을 돕는다고 주장하는 학자들도 있다. 한쪽 주장만 따르기보다 상황에 맞게 말투를 조절하는 것이 좋다. 정서적 교감을 나눌 때는 아가 말투를 사용하고, 평소에는 보통 말투를 사용하는 식으로 적절히 활용한다.

　　아이가 구체적인 단어를 말하기 시작하면서 어휘를 빠르게 늘려간다. 18개월 무렵에는 그 속도가 급격하게 증가하면서 '어휘 폭발' 현상이 일어난다. 아이마다 어휘를 습득하는 속도는 조금씩 다르다. 너무 조급하게 생각하지 말고, 아이 수준에 맞는 단어를 활용해서 대화를 많이 나누는 것이 중요하다.

　　2~3세 무렵에는 문장 표현 능력이 크게 발달하여 이 시기를 '문장 폭발' 단계라고 부르기도 한다. 다양한 어휘와 문장을 사용하여 의사소통을 많이 할수록 말하기 지능이 순조롭

게 발달한다. 만약 3세가 가까워져도 단어를 조합하여 문장으로 표현하지 못하면 언어 발달에 지체가 있다는 징후일 수 있다. 병리적 문제인 경우 전문가의 도움을 받아 적절하게 대처한다. 환경의 문제는 그냥 두어도 4세 무렵에 저절로 해결되는 경우가 대부분이지만, 그 사이에 심한 스트레스를 겪으며 정서·행동 발달에 문제가 생길 수도 있다. 이런 문제가 학령기까지 이어지면서 학습장애가 나타나기도 한다. 그러므로 주의 깊게 관찰하며 신중하게 접근할 필요가 있다.

3~4세 즈음에는 문법에 맞춰 짜임새 있는 문장으로 말하는 '문법 폭발' 현상이 일어난다. 이 시기에는 풍부한 대화를 나누고, 책을 많이 읽어주면 좋다. 이야기 속 문장을 통해 다양한 문법 사항에 자연스럽게 노출시킬 수 있기 때문이다.

4~7세 무렵에는 말하기 능력이 상당히 정교해지면서 내용과 표현이 정확하고 섬세해진다. 그 이전인 3~4세부터 표현 능력이 조금씩 발달하기 시작하므로 대화를 나눌 때 다양한 문장 표현을 활용하는 것이 좋다. 그러다 4~5세 즈음에는 실생활에서 펼쳐지는 다양한 언어맥락을 경험할 기회를 가능한 한 많이 갖는다. 대중교통, 도서관, 시장, 병원, 은행 등 여러 장소에서 상황에 맞게 언어를 사용하는 경험이 쌓일수록 정교한 말하기 능력이 발달한다.

7~8세 무렵부터는 언어 현실을 온몸으로 겪으며 삶에 필

요한 언어능력을 키운다. 과제를 발표하고, 토론 수업에서 자기 의견을 적극적으로 표현한다. 언어 발달이 순조롭다면 초등 2학년부터 이런 형식으로 말하는 연습을 틈틈이 해보면서 유창하게 말하는 실천 지능을 키울 수 있다.

말하기 실천을 위한 예비 상식

말하기 지능은 두 가지 차원으로 작동한다. 그중 한 가지는 발음, 어휘, 문장 등의 규칙에 맞춰 말하는 법을 아는 구조적 지능으로 성장과정에서 상당 부분이 저절로 발달한다. 어휘와 문법 공부를 통해 더 발전시킬 수도 있다. 다른 한 가지는 대화, 토론, 발표, 면접, 협상 등 현실의 소통 상황에 맞게 말하는 실천적 지능으로 대부분 경험을 통해 학습하여 터득한다.

과거에는 실천하는 능력을 지능으로 보지 않고, 구조적 지능을 실현하는 데 도움을 주는 부수적인 기능 정도로 치부했었다. 그러나 요즘은 구조적 지식을 실제에 적용하려면 고유한 지능이 필요하고, 또 매우 중요하다고 보는 추세다. 당연히 말을 잘하기 위해서는 구조적 지능만으로는 부족하다. 그것을 상황에 맞게 적용하는 지능이 추가로 필요하다.

언어의 구조적 지능이 좌뇌를 많이 활용하는 데 비해 실천적 지능은 우뇌를 많이 활용한다. 실천적 언어능력이 발달한 사람의 뇌 신경 회로는 그렇지 않은 사람들과 꽤 다르게 작동한다. 후성유전과 신경 가소성의 힘이라고 볼 수 있다. 실천적 말하기 지능을 잘 발현하려면 구조적 지능과 더불어 마음을 다스리는 정서지능, 사람을 대하는 사회지능과의 협응도 필요하다. 그러므로 영유아기에 언어의 구조적 지능을 잘 습득하고 나서 성장 단계에 맞춰 여러 형태의 말하기 실천 지능을 키워나가는 것이 바람직하다. 특히 발표나 토론처럼 격식 있는 말하기는 지능적인 학습이 많이 필요하다.

실천적 지능을 기를 때는 몇 가지 주의해야 할 것이 있는데, 우선적으로 세 가지 사항을 꼽을 수 있다. 첫 번째는 말하기 상황과 배경을 이루는 담화의 문제고, 두 번째는 말할 때마다 항상 개입하는 마음의 정서 문제다. 마지막으로 누군가와 대화할 때 자신을 드러내는 자아 노출의 문제도 있다.

담화에 관하여

아이가 말하는 장면을 생각하면 입으로 언어를 쏟아낸다고 간단히 묘사할 수 있을지도 모른다. 그러나 거기에는 숱한 사연이 복잡하게 얽혀 있다. 발화 상황, 발화자의 특성, 발화 내용, 청자의 반응, 사회·문화적 배경 등이 두루 영향을 미친다. 그런 현실의 조건들이 반영되는 언어를 '담화'라고 한다.

아이가 언어를 습득하여 현실의 복잡한 상황 속에서 구체적으로 말할 때 담화의 화자가 된다. 저마다 말하는 내용, 표현, 태도의 특징을 지니면서 언어 정체성을 형성한다. 영유아기에는 주로 부모와 주변의 영향을 받아 언어 정체성을 형성하지만, 청소년기부터는 자기 인식을 통해 스스로 정체성을 가다듬어나간다. 자아개념을 잘 형성하면서 건강한 언어 정체성을 갖춰야 담화를 실천하는 지능이 잘 발달할 수 있다.

담화에는 당연히 청자도 있다. 듣는 상대가 누구인지, 어떻게 반응하며 듣는지가 발화에 영향을 미친다. 그러므로 듣는 이를 고려하여 말하는 지능이 필요하다. 그런 활동을 '청중 분석'과 '청중 설계'라고 한다. 청중의 특성을 분석하고, 이를 고려해 어떻게 라포르를 형성하며 메시지를 전달할지 설계한다. 넓은 의미에서 청중은 다수뿐 아니라 소수와 개인까지 '듣는 사람' 모두를 지칭한다.

담화에서는 상호주체성도 필요하다. 화자와 청자는 상호의존적 관계로 서로 협력하며 소통해야 한다. 서로 역할을 바꾸기도 한다. 따라서 말하기 형태와 상황에 따라 필요한 상호성을 잘 인식하고, 이를 효과적으로 조절하며 수행하는 담화 지능이 필요하다.

언어로 소통하는 모든 활동의 배경에는 담화공동체가 존재한다. 담화공동체란 공통의 관심사를 가지고 담화에 직간접으로 참여하는 집단을 말한다. 화자와 청자는 그들이 속한 공동체를 고려하면서 소통해야 한다. 예를 들어 대통령 선거를 주제로 이야기를 나눌 때는 국민 전체가 담화공동체를 이루고, 반장 선거에 나가 공약을 발표할 때는 그 반 학생들이 담화공동체의 구성원이 된다.

담화에서는 맥락이 중요하다. 말하는 문장들의 관계와 행간을 포함하여 담화의 목적, 담화가 이루어지는 환경, 담화공동체의 상황적 배경 등이 담화의 맥락을 이룬다. 이야기 흐름에 따른 언어의 내적 맥락을 인식하는 데는 언어지능이 필요하고, 그 밖의 상황 맥락을 인식하는 데는 사회지능이 필요하다. 그러므로 화자는 담화 맥락을 잘 인식하면서 두 가지 지능을 통합하여 조율하는 담화 지능을 길러야 한다.

무엇보다 담화에 메시지가 있다는 사실이 중요하다. 발언 의도를 전달하는 언어 단위가 바로 메시지다. 메시지를 잘 전달하기 위해서는 기본적으로 음운, 어휘, 문장에 관한 언어의 구조적 지식부터 갖춰야 한다. 영유아기에 듣기를 통해 습득한 구조적 지능을 학령기부터는 학습을 통해 그 수준을 높여가야 한다. 이어서 그 지능을 담화 상황에 따라 적절하게 운용하는 화용 능력도 키워야 한다.

메시지의 전달력을 높이기 위해 비언어적 요소들도 적절히 활용한다. 정서적 말하기에서는 언어적 표현 이상으로 비언어적 표현이 큰 효과를 발휘하고는 하는데, 이를 '메라비언 법칙'이라고 한다.[26] 담화 지능을 기르기 위해서는 비언어적 표현 능력도 적절히 갖춰야 한다.

말하기 정서 조절

감정을 잘 조절해야 긴장하거나 흥분하지 않고 말을 잘할 수 있다. 말할 때 정서가 깊이 관여하고, 그게 뇌 신경 작용을 통해 이루어진다. 다음 뇌의 단면도를 보면 안쪽에 변연계라는 영역이 있는데, 대뇌 속 아래쪽에 자리 잡은 여러 부위를 뭉뚱그려 그렇게 부른다. 이 가운데 해마와 편도체가 큰 역할을 하면서 정서지능에 영향을 미친다.

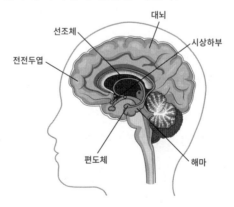

해마는 전전두엽에서 단기기억으로 작업한 내용을 전달받아 분류하고, 이를 코드화한 뒤에 장기기억으로 저장할 여러 곳으로 보낸다. 그런 기억 중에는 당연히 감정 기억도 포함된다. 기억력의 중추 역할을 하는 해마는 스트레스를 조절하는 데도 관여하기 때문에 해마가 건강해야 기억력과 정서 지능이 좋아진다.

정서 신경에 더 깊이 관여하는 편도체는 특히 불안이나 공포 같은 감정에 민감하다. 불확실한 자극이 감지되면 본능적으로 편도체와 그 옆에 시상하부가 방어적으로 반응하는데 그럴 때 신경전달물질인 에피네프린과 노르에피네프린 수치가 높아지면서 신경계를 긴장시킨다.

선조체는 변연계에 속하지 않지만, 정서에 관련된 일을 많이 돕는다. 욕망, 보상, 쾌감, 동기, 의욕 같은 감정과 행동을 조절하면서 신경전달물질인 도파민을 변연계에 조달한다.

이처럼 변연계와 그 주변 영역들이 복잡하게 교차하는 신경 회로들을 구성하면서 정서지능과 말하기 지능의 발달에 많은 영향을 미친다.

모든 언어수행 영역이 그렇지만, 특히 말하기에서 정서가 큰 역할을 한다. 말하기 활동의 90%는 심리가 좌우한다고 말하는 사람도 있다. 그만큼 말할 때 정서 조절이 중요하다는 뜻이다. 원활하게 대화하고, 토론할 때 흥분하지 않고, 발표할 때 청중 앞에서 긴장하지 않으려면 정서적 언어지능이 잘 발달하여 안정감 있는 상태를 유지해야 한다. 어릴 때부터 일상생활 속에서 그런 일을 도울 수 있다.

감정 서사를 하면 정서적 언어지능 발달에 도움이 된다. 특별한 감정을 느낄 때 마음 상태에 관해 이야기를 나눈다. '감정 색깔 바퀴' 같은 방법을 활용하여 자기가 느낀 감정을 객관적으로 설명하고, 그런 감정을 처리하는 방법에 관해 이야기 나누는 것이다.

감정 놀이도 효과적이다. 수업 시간에 질문하거나 발표할 때 느끼는 감정을 역할 놀이로 체험하여 알아본다. 교사와 학생 역할, 발표자 역할, 복잡한 감정으로 친구와 대화하는 역할 등을 연기하면서 감정을 객관화하고 알맞은 대응법을 익힌다.

감정 독서도 한다. 주인공이 복잡한 마음 상태를 극복하는 이야기를 읽고 나서 감정 처리에 관해 대화를 나눈다. 감정 문제를 잘 다룬 영화나 드라마를 보고 토론하는 것도 정서지능 발달에 효과가 크다.

자기 대화도 정서적 언어지능 발달에 유익하다. 어려운 상황에 처했을 때 혼잣말로 자신과 소통하면 감정을 잘 조절할 수 있고, 자존감과 자기효능감이 높아진다.

호흡 조절도 도움이 된다. 긴장을 느끼거나 감정이 고조
될 때 복식호흡, 단전호흡, 명상 같은 방법을 써서 감정을 조
절하고 마음을 진정시킬 수 있다.

말하기 자아 노출

말할 때 자기 존재가 드러나는 것을 '자아 노출'이라고 한
다. 말하기는 이런 자아 노출을 하면서 시작한다. 무엇이든
지 시작이 중요하므로 자아를 잘 노출해야 하는데 누구나 자
기 자신을 다 알지 못한다. 당연히 타인도 나에 대해 잘 모르
는 부분이 많다. 이와 관련해 '조해리의 창Johari's window'이
라는 흥미로운 이론이 있다.[27] 이에 따르면 자아와 타인이 소
통할 때 서로 존재의 창을 들여다본다. 그럴 때 다음과 같이
네 가지 자아의 영역이 생긴다.

	자아가 아는 부분	자아가 모르는 부분
타인이 아는 부분	열린 자아	눈먼 자아
타인이 모르는 부분	숨겨진 자아	미지의 자아

이 중에서 열린 자아는 자신도 알고 남도 아는 자아의 영
역이다. 이름, 나이, 취미, 표정, 외모 등 남에게 기꺼이 공개
했거나 저절로 알려지는 부분이 여기에 속한다. 숨겨진 자아

는 자신은 알지만 남은 모르는 영역이다. 숨기고 있는 약점이나 알리지 않은 정보 등이 포함된다. 눈먼 자아는 남은 알고 있는데 정작 자신은 모르는 영역이다. 자신의 거친 말투를 친구들이 다 싫어하는데 본인만 모르는 것과 같다. 미지의 자아는 자신도 남도 모르는 영역이다. 숨은 재능처럼 아직 발견되지 않아서 자신도 남도 모르고 있는 부분이다. 이런 자아 영역들의 존재를 참고하면 자아 노출을 잘하는 데 도움이 될 수 있다. 남들과 공감대를 형성하면서 말을 잘하려면 열린 자아의 폭을 넓혀가야 한다. 그렇다고 아무렇게나 자아를 열어젖히면 곤란하므로 필요에 따라 조절하는 능력이 필요하다.

사회언어학자 고프만E. Goffman은 인간의 삶이 본래 극장 무대와 같다면서 '자아 연출' 이론을 내놓았다.[28] 사람들이 자아를 잘 노출하려고 연출하면서 살아가는 현실의 현상들을 분석했다. 사회적 언어지능의 실천을 비유적으로 설명한 것이다. 그런데 극적인 '연출'에 너무 몰두하면 가식으로 흐르기 쉽다. 자아의 진정한 모습에 뿌리를 두면서 바람직하게 개성을 살리는 노출 능력이 필요하다.

말할 때 자아 노출을 신경 쓰는 이유는 상대에게 좋은 영향을 미치며 생산적으로 소통하기 위해서다. 화자와 청자로서 자아와 타인은 서로 거울이 된다. 화자의 자아 노출에 청자가 반응하고, 그에 화자가 다시 반응하면서 순환한다. 그런 관계에서 화자의 태도가 중요하다. 화자가 먼저 마음을 열어 청자가 호응하도록 이끌어야 한다.

청자가 화자에게 좋은 감정을 느끼면 담화 분위기가 화기애애하고 좋은 결과를 낳는다. 따라서 청자에게 호감을 주는 자아 노출의 지능이 필요하다. 취미나 종교가 같은 경우처럼 서로 비슷한 점을 공유하는 '유사성', 친근한 언행과 분위기에서 오는 '친밀성', 좋은 인상을 주는 '매력' 같은 요인을 잘 활용하면 상대에게 호감을 살 수 있다.

호소력 있는 말하기

사람은 늘 누군가와 소통한다. 그럴 때마다 말을 해야 하고 이왕이면 잘하는 것이 좋다. 상황에 따라 말하는 조건은 달라진다. 혼잣말, 대화, 상담, 대담, 면접, 토론, 회의, 협상, 발표, 연설 등 말하기 형태도 다양하다. 아이가 자라면서 여러 형태의 말하기 능력을 두루 갖춰야 하는데, 나이를 먹고 학년이 높아질수록 말하는 내용과 형식이 복잡해지면서 수행해야 할 담화의 수준이 높아진다. 그에 걸맞은 말하기 실천 지능이 필요하다.

대화의 기본 원리와 기술

소통하는 말하기에서 가장 기초적인 형태가 대화다. 대화할 때는 먼저 메시지의 내용과 대화자들의 관계를 고려해야 한다. 내용 차원에서는 전달하려는 메시지 자체가 중요하고, 관계 차원에서는 대화의 참여자인 화자와 청자가 어떤 관계를 맺고 있는지가 중요하다. 대화를 효과적으로 수행하기 위해서는 두 차원을 조화롭게 관리하며 소통해야 한다.

언어학자 그라이스Paul Grice는 그런 문제의식에서 출발하여 대화가 성공하기 위한 요건으로 네 가지 '협력의 원칙'을 제시했다.

- **양의 원칙**　(과하거나 부족함 없이) 필요한 만큼 말한다.
- **질의 원칙**　진실한 내용을 말한다.
- **관련성 원칙**　주제와 관련된 내용을 말한다.
- **방식의 원칙**　이해하기 쉽도록 명료하게 말한다.

이런 원칙들은 너무 당연한 내용이라서 특별히 신경 쓸 게 없을 것 같지만, 현실에서 제대로 실천하지 못하는 경우가 의외로 많다. 실제 대화에서 자연스럽게 이런 원칙을 지키려면 어렸을 때부터 구체적인 대화술을 차근차근 다져야 한다. 기본적인 대화 기술을 다음과 같이 크게 네 가지로 정리할 수 있다.

첫째, '잘 듣기'다. 앞에서 거듭 말했듯이 언어활동에서 무엇보다 중요한 것이 경청이다. 어떤 커뮤니케이션 코치는 성공적으로 대화하려면 경청과 말하기 비율이 9:1 정도가 되어야 한다고 말할 정도다. 요즘 사람들은 남의 말을 귀담아 듣지 않는 편이고, 아이들은 더 그렇다. 그러나 대화를 잘하려면 상대의 말에 관심을 가지고 경청하는 태도가 필수다.

둘째, '잘 묻기'다. 질문을 잘 던지면 대화를 원하는 대로 성공적인 방향으로 끌어갈 수 있다. 질문이 갖는 힘을 일찍이 깨달은 선각자들은 질문을 유익한 교육 방법으로 활용했다. 소크라테스의 산파술이 대표적인 사례다. 유대인들 역시 묻고 답하면서 토론하는 하브루타 방식을 자녀교육에 적극 활용했다. 적절한 순간에 좋은 질문을 던질 줄 알면 말하기 지능과 학습 능력 발달에 큰 도움이 된다.

셋째, '잘 교감하기'다. 대화를 잘하기 위해서는 정서적 파트너십이 필요하다. '대화적 감성'을 키워 상대의 감정을 이해하고 공조해야 하는 것이다. 그래야 대화 참여자 사이에 신뢰와 유대감이 생긴다. 아이들은 감정 표현이 자연스럽지만 자기중심적이다. 상대적인 관점에서 교감하며 대화하는 법을 익혀야 한다.

넷째, '잘 말하기'다. 평소 말을 많이 해도 특별한 상황에서는 새삼 말하기가 힘들어진다. 먼저 조리 있게 말하는 법을 익힐 필요가 있다. 말하고자 하는 메시지를 명확하게 전달하는 습관을 기른다. 정감 있게 말하는 법도 익힌다. 유머를 적절하게 사용하면 청중에게 재미와 감동을 줄 수 있다. 반면에 말해야 할 때 침묵을 지키거나 침묵해야 할 때 쉴 새 없이 떠들면 대화가 원활하게 이어지지 않는다. 거칠고 속된 말도 대화의 질을 떨어뜨린다. 언어 예절을 지키고 상대방을 배려하면서 상황에 맞게 대화하는 기술을 갖춘다.

공식적 말하기

학령기가 되면 공식적인 말하기 능력이 필요하다. 자기소개, 발표, 토론, 연설처럼 형식을 갖춰 말하는 언어수행 과제를 많이 접하기 때문이다.

격식 있는 말하기 지능을 기르기 위해서는 언어지능, 정서지능, 사회지능의 긴밀한 협응이 필요하다. 이때 정서지능과 사회지능부터 살피면서 언어지능을 연계하여 발현하는 순서를 밟는 것이 효과적이다.

말하기 정서지능 사람들 앞에서 공식적으로 말할 때 긴장하기 쉽다. 낯선 다수의 청중 앞에서는 더 그렇다. 마음이 안정되지 않으면 아무리 준비를 잘하고 다른 조건이 좋더라도 말을 잘하기 힘들다. 일단 불안 증상이 나타나면 억지로 수습하기 힘들다. 인지 기능을 마비시키는 '편도체 납치' 상태에서는 마음을 다독이는 것만으로는 불안을 떨쳐낼 수 없다. 확실한 믿음을 갖지 못한 상태에서 자아를 달래려고 하면 스스로 속이는 일밖에 되지 않으므로 진짜 믿을 만한 구석이 필요하다.

이때 확실하게 믿을 수 있는 것이 성공 경험이다. 성공 경험을 쌓으면 자아효능감이 생겨 뇌 신경이 편도체에 청신호를 보낸다. 선조체도 반응하면서 도파민을 분비하여 말하기가 즐거워진다. 편리하게 성공 경험을 쌓을 수 있는 방법이 바로 연습이다. 평소에 마음 편한 사람들 앞에서 말하는 연습을 하거나 청중이 지켜본다고 상상하며 혼자 시뮬레이션하면서 연습한다. 그렇게 연습하는 과정에서 시행착오와 성공 경험을 겪고 나면 불안증이 사라지기 시작한다.

사실 불안이 완전히 사라지는 것보다 약간 남아있는 게 더 바람직하다. 건강한 스트레스인 '유스트레스eustress'가 활력을 주기 때문이다. 마음에 아무런 긴장이 없으면 말하기에 신선함이 줄어든다. 정서지능의 신경망이 활성화되지 않아서 매너리즘에 빠질 수 있다.

말하기 사회지능 평소 말하는 경험을 꽤 쌓은 사람도 공식적인 말하기 상황에서 청중과 관계를 맺는 일이 서툴 수 있다. 말하기 사회지능이 부족하면 청중을 진정한 파트너로 삼지 못하고 '대상화'하기 쉽다. 일방적으로 메시지를 던지면 소통이 제대로 이루어지지 않으므로 상호주체성을 살리는 말하기 전략이 필요하다.

먼저 청중을 분석한다. 나이, 성별, 숫자, 관심사, 지식 수준 등을 파악한다. 다음으로 청중 설계를 한다. 분석한 결과를 고려하여 어떻게 라포르를 형성할지 접근 방법을 구상한다. 청중과 교감하면서 최적의 파트너 관계를 형성한다.

자아 설계도 필요하다. 화자는 담화 상황에서 주도적인 소통자 역할을 해야 하므로 그에 필요한 조건을 갖춘다. 유능한 화자는 일방적으로 청중을 이끌지 않고 협력적인 주도력을 발휘한다.

말하기 언어지능 공식적인 말하기 과제가 주어지면 준비가 필요하다. 과제의 중요도와 주어진 시간에 따라 준비하는 방법이 달라진다. 이때 필요한 판단을 잘하면서 효과적으로 준비하는 능력을 '전략 지능'이라고 한다.

먼저 어떤 메시지를 준비할지 결정한다. 과제를 탐구한 뒤 메시지를 설계한다. 담화 흐름을 구조화하고 세부적인 표현 방법도 구상한다. 계획을 완벽하게 세웠다고 실제 말하기도 완벽하게 수행할 수 있는 것이 아니다. 계획하는 지능과 실행하는 지능은 서로 분리된 신경 회로에서 이루어지므로 실행하는 지능을 따로 발달시켜야 한다. 참신하게 말문을 열고 청중과 대화하듯이 흐름을 이끈다. 열정을 쏟으며 말하면 신경계에서 도파민이 분비되면서 언어의 향기를 피워낸다. 거울 뉴런 덕분에 청중의 듣기 신경도 열정에 전염되어 성공적으로 소통할 수 있다. 끝까지 집중하며 책임감 있게 말하고 잘 마무리한다.

자기와의 대화, 혼잣말

혼잣말은 심혼에 새겨진 자아의 정체성을 드러낸다. 거꾸로 심혼에 영향을 미치며 정체성을 아로새기기도 한다. 혼잣말이 건강해야 남들에게 하는 말도 건강해진다.

혼잣말 중에서 겉으로 드러나는 독백은 누구에게나 비교적 친숙한 편이다. 아르키메데스가 목욕탕에서 외친 '유레카'라는 혼잣말은 창의성의 대명사로 통한다. 반면에 내면의 혼잣말은 사람들이 잘 의식하지 못하는 경향이 있다. 겉으로 드러나지 않아서 그렇지 실제로 내면의 혼잣말은 우리 삶에서 생각보다 훨씬 중요한 역할을 한다. 사람은 늘 언어적 사고를 하며 살아가는 존재이기 때문이다. 뉴턴이 산책하며 '사과는 왜 나무에서 떨어질까?'라고 혼잣말을 했던 것처럼 말이다.

우리는 필요에 따라 혼잣말을 내면화하거나 외면화하면

서 활용한다. 일기는 글로 외면화한 혼잣말이고, 사색은 내면화하는 혼잣말이다. 넓은 의미에서 비언어적 요소도 혼잣말에 포함된다. 혼자 주고받는 웃음, 울음, 콧소리, 표정, 몸짓 등이 그렇다. 다양한 종류의 혼잣말이 언어지능에 개성을 부여하며 언어의 정체성을 형성한다. 그런 혼잣말을 잘못 사용하면 독이 되고, 잘 활용하면 약이 된다.

혼잣말은 자아의 역사에 자취를 새긴다. 무심코 중얼거리는 혼잣말조차 자아의 잠재의식에 영향을 미친다. 좋은 영향을 받아 유익한 결과를 낳을 수도 있고, 나쁜 영향을 받아 자아의 뿌리가 병들 수도 있는 것이다. 그러므로 나쁜 혼잣말은 피해야 한다. 그중에서도 가장 주의해야 할 혼잣말은 자기를 비하하는 말들이다. 대표적인 유형과 표현들을 살펴보면 다음과 같다.

유형	표현 예시
자기 존재 부정	"에라, 나도 나를 잘 모르겠다."
자기 가치 부정	"나 같은 게 뭐.", "바보 같이"
자기 능력 부정	"난 자신 없어.", "난 할 수 없어."
자기 의지 부정	"끝장이다.", "죽고 싶다."
자기 목적 부정	"될 대로 돼라!"

이런 말들이 혼잣말이니까 스스로 개의치 않으면 뒤탈이 없을 것 같지만 그렇지 않다. 말이 씨가 된다는 말처럼 신경계에서 오가는 모든 것이 결과를 남긴다. 에너지 보존 법칙과 같아서 신경세포에 정보가 저장되면서 악영향을 미친다. 이를 '시냅스 그림자'라고도 부른다. 이런 부정적 에너지가 쌓이면 언어지능을 해치면서 자아의 심연에 어두운 그늘을 지운다.

이런 문제를 해결하기 위해 여러 방법이 제시되었는데, 셀리그먼Martin Seligman의 긍정심리학도 그중 하나다. 그는 삶에서 겪는 일들에 관해 스스로 생각하며 말하는 것, 즉 혼잣말하는 태도를 '설명 방식'이라 불렀다. 그러면서 비관적인 설명 방식은 무기력을 초래한다고 경고하는 한편 의식적으로 낙관적인 설명 방식을 취하라고 권했다.[29] 하지만 그런 방식으로는 언어지능 자체를 생산적으로 바꾸기 힘들다.

삶에는 밝게만 설명할 수 없는 어두운 면이 엄연히 존재한다. 그런 현실을 외면하면서 억지로 낙관하면 현실도피나 다름없고, 참된 설명 방식에 근거하는 지능과 인성을 키울 수 없다. 힘들 때는 '힘들다'고 말하고, 부당한 침해를 당할 때는 '부당하다'라고 말하면서 해결책을 찾는 것이 마땅하다.

자신을 비판적으로 바라보며 성찰하는 일도 필요하다. 오류를 범했을 때 애먼 곳으로 그 탓을 돌리며 자기합리화의 함정에 빠지지 말고 책임감 있게 문제를 해결하면서 생산적인 대안을 찾아야 한다. 인지능력이 성숙하고 사춘기가 시작되는 초등 고학년부터는 이런 자기 단련의 혼잣말이 적극적으로 필요하다.

혼잣말은 본래 좋은 기능이 더 많아서 잘 활용하는 만큼 유익한 효과를 얻는다. 이와 관련해 흥미로운 실험이 하나 있다.[30] 24명의 실험 참가자를 두 그룹으로 나눈 뒤 한 그룹은 혼잣말을 하면서 운동을 하게 하고, 다른 그룹은 혼잣말 없이 그냥 운동만 하게 했다. 2주 동안 운동하면서 탈진하는 시점을 측정했는데 혼잣말을 한 그룹은 날이 갈수록 운동 시간이 늘어났고, 비교 그룹은 운동 시간이 줄어드는 것으로 나타났다. 혼잣말이 집중력, 지구력, 효능감 같은 자기조절 능력에 긍정적인 영향을 미친 것이다.

혼잣말은 사고력을 발전시키고 학습 능력도 높여준다. 어떤 생각이 떠오를 때 그냥 스쳐 지나가게 두지 말고 혼잣말로 표현하면 내용을 구체적으로 의식하게 된다. 언어로 표현하는 만큼 개념이 더 분명해지고 기억도 잘된다. 또한 혼잣말은 창의적으로 학습하고 지적 깨우침을 얻는 데도 도움을 준다. 지식을 습득할 때 건성으로 알거나 잘못 아는 경우도 많은데, 혼잣말을 하면서 스스로 설명하고 묻고 대답하다 보면 지식을 되새기면서 앎이 가다듬어진다. 비판적 사고력이 발전하면서 성찰하는 지성의 수준까지 이를 수 있다.

또 혼잣말은 내면에서 생겨나는 감정을 드러내어 언어로 표현함으로써 정서를 차분하게 조절할 수 있게 한다. 마음이 아플 때 맥없이 좌절하기보다 '이대로 주저앉으면 안 돼! 힘내자!'라고 혼잣말을 하면 마음을 추스르는 데 도움이 된다. 스피노자는 고통스러운 감정도 언어로 서술하는 순간에 고통이기를 멈춘다고 말했다. 현대 신경과학이 그것을 사실로 입증한다. 슬프거나 불안하고 화가 날 때 자기 대화를 이어가면 감정의 격랑에 휩싸이지 않는다. 이성적으로 정서를 조절하는 능력이 발달한다.

그리고 혼잣말은 자아 갈래들 사이에 친밀한 관계를 낳으며 공감 능력을 키워준다. 아이들은 마음속에 '상상의 친구'를 만들어 자아와 대화하는 일이 흔한데, 자연스럽게 나타나는 현상이면서 심리 발달에 도움을 준다. 생활 속에서 따분함, 공허함 같은 감정이 밀려들 때는 자기 대화로 기분을 바꿀 수 있다. 소외감이 들 때도 위축되기보다 "마음의 여유를 갖자!", "당당하면 되는 거야!"라고 자기 대화를 나누면 자아의 갈래끼리 친밀해져서 서로 의지하며 심리적 안정을 얻을 수 있다.

간혹 자아 갈래들 사이에 엇박자가 나면서 혼선을 일으킬 때가 있다. 예를 들어 발표를 앞두고 마음을 든든히 먹으려 해도 자꾸 긴장되면서 두려움이 생길 때가 그렇다. 이럴 때 긴장하지 말라고 자신을 다그치면 오히려 역효과가 난다. 진솔하게 혼잣말을 나누며 '자기 설득'을 하는 것이 현명한 방법이다. 타당한 근거를 찾아 자기 대화를 나누며 편도체를 진정시키면 자연스럽게 긴장에서 벗어날 수 있다. 이렇게 자기 설득력이 생기면 남을 설득하는 역량도 커진다. 호소력 있게 말하는 능력이 발달하는 것이다.

자아의 심연에서 피어나는 여러 가지 혼잣말이 온전하게 제 기능을 다하면 말하기 지능의 뿌리가 건강해진다. 자아 소통이 생명력을 지니면서 언어지능의 기초 체력을 강화한다. 말에 인격의 향기가 깃든다.

읽기

문자 상자가 열리다

오늘날 인류는 문자 활동을 통해 문화를 창조하고 발전시킨다. 인간의 조건에서 문맹이 큰 결점으로 작용하고 사회적으로도 중요한 해결 과제를 이루듯이 글의 힘이 매우 크다. 그러나 언어의 역사를 돌이켜보면 '글말'이 문화 발달의 흐름에서는 아주 늦둥이다. 선사시대부터 듣고 말하는 입말을 사용했고, 역사시대부터야 글말이 출현했다.

일찍이 입말 지능이 뇌 속에 듣고 말하는 언어 기능 중심으로 둥지를 틀었고, 뒤늦게 태어난 글말은 더부살이하는 형국이 되었다. 문자 신경은 언어 신경 중에서 가장 늦게 발달한다. 그리고 문자 정보를 처리하는 뇌 영역이 자리 잡는 위치도 측두엽 끝자락에 다소 궁색하게 매달린 모양새다. 그래서 글말은 입말보다 불리한 점들이 많다. 이를 극복하며 지능과 역량을 발현해야 한다.

읽기 지능의 작동 절차

읽고 쓰는 글말은 입말을 배울 때처럼 자연스러운 노출만으로는 습득하기 어렵다. 글씨를 보기만 해서는 저절로 읽고 쓰는 능력이 생기지 않는다. 인위적인 학습 과정을 꽤 거쳐야 한다.

글말을 배우고 사용하려면 입말의 도움이 일정하게 필요하다. 단어와 문장을 어떻게 발음하는지 알아야 글을 제대로 읽을 수 있다. 읽고 쓰려면 문자 영역뿐 아니라 여러 뇌 영역의 도움을 복합적으로 받아야 한다. 후천적으로 신경망을 연합하면서 읽기 신경 회로를 스스로 형성해야 하는데, 이 과정이 인공지능을 개발하는 과정과 비슷하다.

글을 읽는 과정은 읽는 이의 내면에서 상당히 복잡한 신경 작업을 거친다. 그런 절차들이 신경 회로에서 효과적으로 이루어질수록 글을 잘 읽게 되는데, 주요 절차를 알아보기 쉽게 정리하면 다음과 같다.

지각 ➡ 해독 ➡ 독해 ➡ 연결 ➡ 메시지 이해

지각

글을 읽기 위해 시선을 던지면 글자가 망막에 비춰며 문자의 상이 맺히고, 그 정보를 시각 신경이 받아들여 언어 신경으로 전달한다. 언어 신경 중에서 문자 신경이 그 정보를 글자로 지각한다. 약 1/20초만 노출돼도 시신경이 글자의 자극을 받아들이기에 충분하지만, 언어 신경에서 글자 형태를 구체적으로 지각하려면 1/2초 정도 시선이 머물러야 한다. 잘 아는 단어는 1/5초 이내에도 지각할 수 있다.

보통 사람들에게 빨간 물체의 색깔을 물어볼 때 그 색을 인식하여 '빨강'이라고 대답하는 것보다 '빨강'이라고 쓴 단어를 읽는 속도가 더 빠르다.[31] 사물을 감지하는 것보다 익숙한 단어를 읽는 것이 더 빠른 것이다. 아는 단어가 많을수록 글을 더 빨리 지각한다.

심리학자 스트룹 J. R. Stroop은 '빨강'이라는 단어를 초록색으로 써놓고 글자의 색깔이 무엇인지 묻는 실험을 수행했다. 이번에는 실험 참가자 모두 사물의 색깔을 답할 때보다 느린 반응을 보였다.[32] 왜 그럴까? 글자의 색깔만 물었는데 자기도 모르게 단어까지 읽으면서 문자 지각 신경에 간섭이 일어나서 그렇다. 단어의 뜻과 색이 일치하지 않는 것에 신경 쓰느라 늦게 반응한 것이다. 이렇게 아는 단어를 보면 읽으려 하지 않아도 자동반사적으로 읽게 된다. 이런 지각 신경의 간섭 현상을 '스트룹 효과'라고 한다.

그래서 아는 단어가 많을수록 좋은 간섭 효과가 커져 책을 빨리 읽을 수 있다. 글을 처음 배울 때는 글자를 하나씩 뜯어보며 지각하지만, 읽기 능력을 갖추고 나면 단어를 한 덩어리로 지각하면서 징검다리를 건너듯이 시선이 빠르게 이동한다. 능력이 더 발달하면 어구, 어절, 문장을 통째로 지각하면서 시선이 이동하는 속도가 더 빨라진다. 읽기 능력이 숙달되면 하나의 단어, 어구, 어절, 문장을 모두 한 번의 시선으로 처리하기 때문에 글자 하나를 감지할 때 걸리는 시간과 별로 차이가 없다. 읽는 능력이 발달할수록 속도가 빨라지는 이유가 바로 이런 원리에서 비롯된다.

해독

글을 읽으려면 지각한 문자들이 어떤 언어 요소인지 알아야 한다. 어떤 글자들로 이루어진 낱말인지 인지하는 것이다. 이런 '재인' 과정을 거쳐 마치 암호 코드를 풀어내듯이 글을 '해독'한다.

글을 해독할 때는 두 가지 절차를 밟는다. 하나는 어떤 글자들이 모여 어떤 낱말을 이루고, 그런 낱말들이 모여 어떻게 어떤 문장을 이루는지 언어 단위들의 형태를 파악하는 것이다. 다른 하나는 글이 어떤 음소들로 구성되고 어떻게 소리 나는지 음운 단위들의 발음을 파악하는 것이다. 그래서 글을 읽으려면 문자의 모양과 짜임새뿐 아니라 발음하는 법도 알아야 한다. 글말을 읽는 데 입말의 음운 기능이 개입하는 것이다. 소리내어 읽을 수 없는 글은 묵독하기도 힘들다.

12세기 유학자 주희는 "독서는 눈으로 보고, 입으로 소리내고, 마음으로 터득하는 것"이라고 했다. 옛날부터 글을 읽는 행위에 문자 형태를 해독하는 절차와 음운 절차가 함께 작용한다는 사실을 자연스럽게 인식한 것이다. 오늘날 신경과학이 그것을 검증한다. 독서하는 뇌를 촬영해 보면 듣고 말할 때 관여하는 부위들 역시 활성화된다. 글의 형태와 발음을 해독하는 두 가지 절차가 뇌 신경에서 긴밀하게 보완 작용한다. 발음하면서 낱말들을 파악하고, 낱말을 생각하면서 어떻게 발음하는지 안다. 두 가지 해독 절차가 빠르게 일치해야 글을 유창하게 읽어나갈 수 있다. 따라서 처음 읽기를 배울 때는 입으로 소리 내어 읽는 것이 좋다. 음독하면 읽기의 음운 감각이 발달하고 자기가 읽는 것을 스스로 들으며 속도를 조절할 수 있어서 효과가 크다.

자주 접해서 암묵기억으로 공고하게 저장한 낱말을 읽을 때는 음운 절차를 생략하고 문자의 형태만으로 곧장 해독할 수도 있다. 음운으로 재인하는 절차를 생략하면서 읽기 과정을 단축하는 것이다. 두 가지 절차를 모두 거치며 읽는 것을 '보통 경로'라 하고, 과정을 단축하며 읽는 것을 '빠른 경로'라고 한다. 높은 수준의 유창성을 가진 사람이 아닌 이상 대부분은 '보통 경로'로 책을 읽는다.

아이가 처음 글을 읽기 시작할 때는 해독하는 데 적응과정이 필요하다. 듣기부터 충실하게 수행하여 음운 신경을 잘 발달시켜야 한다. 그다음으로 해독하는 과정을 즐겁게 배워야 한다. 그래야 뉴런의 발화와 신경전달물질의 분비가 활성화되고 읽기 신경에 가소성이 생겨 해독 절차가 유창해진다.

독해

글을 해독하고 나면 그 안에 담긴 내용을 파악해야 한다. 독해하는 것이다. 처음 읽기를 배울 때는 해독과 독해가 차례대로 이루어지지만, 어느 정도 독서 능력을 갖춘 뒤에는 해독과 독해가 거의 동시에 이루어진다.

바로 이런 특성 때문에 부모들이 오해하는 일이 흔하다. 글자와 낱말을 읽을 줄 아니 독해도 쉽게 할 거라 여기는 것이다. 이런 착각에서 읽기 부담을 주면 아이가 책을 멀리하는 원인이 된다. 따라서 읽기 지능이 발달하는 초기 단계에서는 해독과 독해가 전혀 다른 신경 절차라는 점을 염두에 두어야 한다.[33] 암호를 풀 듯이 글을 해독하는 것만으로 엄청난 신경 에너지가 소모된다. 글을 해독하는 신경 절차가 자동화되기 전에는 독해까지 감당할 여력이 없다. 글자와 낱말을 술술 읽어낼 때까지 일단 해독하는 연습을 충분히 하고,

서서히 독해하는 절차로 넘어가야 한다.

독해 단계에서 뇌는 많은 일을 수행한다. 먼저 장기기억에서 어휘에 관한 지식을 인출하여 낱말들을 재인한다. 그래서 어휘력이 없으면 글 속 낱말들을 재인하기 힘들다. 예를 들어 '가뭄'이란 낱말을 해독할 수 있더라도 그게 어떤 뜻인지 모르면 독해가 불가능하다. 실제로 어휘력이 약한 초등 저학년 아이들의 경우 책 속 문장들을 그럭저럭 읽으면서도 무슨 내용인지 이해하지 못하는 일이 흔하다. 어휘력이 늘어야 문장 속 낱말들을 쉽게 재인하면서 독해를 잘할 수 있다.

다음으로 문장구조에 관한 이해가 필요하다. 말로 습득한 문장 능력이 곧장 글말 문장의 독해력으로 이어지지는 않는다. 입말 문장과 글말 문장이 늘 똑같지 않기 때문이다. 구어와 문어에는 작지 않은 차이가 있으므로 글말 문장구조에 관한 감각을 더 익혀야 한다.

글의 맥락을 이해하는 화용 능력도 필요하다. 입말의 경우 4~5세 무렵부터 화용 능력이 상당히 발달하지만, 글말에서는 훨씬 늦게 나타난다. 많이 읽고 쓸수록 맥락을 이해하는 능력이 발달한다.

이런 독해 절차를 반복하면 어휘, 문장, 화용 정보가 잠재의식 속에 점점 더 많이 암묵기억으로 저장되어 뇌 신경에 읽기 지능의 가소성이 생기면서 독해력 성장을 돕는다.

연결

글을 많이 잘 읽어나가려면 앞뒤를 연결하는 능력이 필요하다. 문장들을 연결하여 흐름을 이어가려면 앞에서 읽은 문장들을 기억해야 한다. 그런데 사람의 작업기억은 용량이 한정되어 있어서 먼저 읽은 것을 오래 기억하지 못하고 쉽게 잊어버린다. 따라서 꼭 필요한 것들만 작업기억 상태로 유지하면서 나머지는 될 수 있는 한 장기기억으로 저장하고 일부는 제쳐둬야 한다. 이때 유연한 집중력이 필요하다. 다소 불확실한 부분이 있더라도 읽는 중간에 멈추지 말고 맥락으로 유추하면서 쭉 읽어나간다. 자주 멈추면 연결이 불규칙해져서 흐름이 이어지지 않고 읽기가 유창해지지 않는다.

듣기와 말하기에서 그렇듯이 읽기에서도 유창성이 매우 중요하다. 완벽주의 성향을 지닌 아이는 모르는 단어가 나오거나 이해가 안 되는 부분이 있으면 앞으로 나가지 못하고 멈춰서 자꾸 되새김하는 버릇이 있다. 그러면 유창한 독서를 방해한다. 어떤 이유에서든 읽다가 자주 멈추고 뒤로 돌아가 다시 들여다보는 일을 삼가면서 계속 읽어나가는 습관을 붙이도록 한다.

메시지 이해

글을 잘 읽으려면 메시지를 이해하는 일이 중요하다. 아무리 글을 유창하게 잘 읽어도 메시지를 제대로 파악하지 못하면 헛수고가 된다. 글의 핵심 메시지는 설명문에서처럼 명시적으로 서술되어 드러나기도 하고, 문학작품에서처럼 이야기 속에 상징적으로 형상화되기도 한다.

글에 담긴 메시지를 잘 파악하려면 세 가지 차원의 역량이 필요하다. 중립적으로 텍스트를 정확히 읽어내는 역량, 필자의 관점에서 메시지를 해석하는 역량, 비평하는 자세로 메시지를 재해석하는 역량이다. 어린이든 어른이든 미숙한 독자는 글을 편향되게 해석하여 자기 멋대로 메시지를 왜곡하거나 필자의 생각에 세뇌당하기 쉽다. 그런 위험을 피해 글을 잘 읽으려면 비판적으로 사고하며 입체적으로 메시지를 파악하는 능력을 길러야 한다.

읽기 지능의 발달단계

언제부터 문자 교육을 시작하면 좋을까? 공교육이 안정적으로 자리 잡던 20세기 전반에는 '성숙 이론'이 주류를 이루었다.[34] 몸과 마음이 적당히 성숙하여 배움의 조건이 갖춰졌을 때부터 문자 교육을 시작하는 것이 좋다고 여겼다. 그 당시에는 학령기부터 글을 배우는 것이 상식으로 통했다. 그 뒤로 행동주의 이론이 등장하면서 이에 대한 반론을 펼쳤다. 초등학생이 될 때까지 마냥 기다릴 게 아니라 미리부터 능동적으로 준비를 해나가야 한다고 주장했다. 일찍부터 문자 자극을 주면서 경험을 많이 쌓을수록 학습 효과가 높아진다고 여긴 것이다. 일각에서는 준비를 넘어 본격적인 글공부를 일찌감치 시작하는 게 좋다는 움직임까지 나타났다. 그런 분위기에서 조기 글공부 바람이 꽤 불었고, 부작용도 많이 생겼다.

20세기 후반부터는 절충적인 균형 이론들이 등장했다. 책을 가까이하며 친숙해지는 과정은 일찍 시작하여 준비도를 높이고, 문자를 읽고 쓰는 학습은 지능이 적당하게 발달한 때부터 시작하는 것이 좋다는 인식이다. 요즘은 '발생적 문식성' 이론이 주목받고 있다.[35] 아이가 성장하면서 조금씩 문자에 대한 감각이 생기고 발달하면서 글공부의 조건을 점진적으로 갖춰간다는 것이다.

읽고 쓰는 뇌 신경의 발달을 연구한 결과들에 따르면 글말 신경 발달의 분기점을 이루는 세 가지 단계가 있다.[36] 첫 번째는 3~5세 무렵 뇌 신경에서 발달하는 '그림문자' 단계다. 3~4세 무렵부터 조금씩 시작하여 5세 무렵까지 글을 언어기호들의 조합으로 읽기보다 하나의 그림처럼 읽는다. 'ㅇ'를 보고 동그라미라고 읽는 식이다. 도로 표지판이나 상품의

포장 글씨, 자주 보는 간판 같은 것을 그림처럼 한 덩어리로 알아보며 읽는다.

두 번째는 6세 무렵부터 발달하는 음운 문자 단계다. 실질적인 문자 신경이 발달하기 시작한다. 글자마다 발음하는 방법이 다르다는 것을 알고, 자소와 음소의 관계를 터득해서 읽는다. 낱글자를 따로 떼어 서로 구별하면서 읽을 수 있다.

세 번째는 7~8세 무렵부터 발달하는 문법 단계다. 어떤 글자들이 모여 어떤 단어를 이루고, 어떤 단어들이 모여 어떤 문장을 이루는지 언어 요소들의 조합으로 이루어지는 구조적 규칙들을 이해하면서 읽는다. 문법의 원리를 무의식적으로 터득하면서 읽는 것이다.

이런 흐름에서 볼 때 아이의 성장과정, 성숙도, 학습 준비의 필요성, 신경 발달단계 등을 모두 고려하면서 적절한 시기에 글공부를 시작하여 합리적인 단계를 밟으며 읽기 지능을 키워야 한다. 읽기 능력은 자연적으로 습득하기 어렵기 때문에 여러 신경 기능의 도움을 받으며 발달단계에 맞춰 차근차근 학습하는 것이 좋다.

아기 때부터 자연스럽게 문자 문화에 친숙해지는 환경을 조성한다. 부드러운 장난감 책을 가지고 놀거나 재미있는 책놀이를 하면 도움이 된다. 유대인들은 예로부터 아이가 3세쯤 되면 책에 꿀을 발라 핥아먹게 했다고 한다. 요즘은 더 문화적인 교구들을 이용할 수 있다.

4~5세 즈음해서 아이는 부모가 읽어주는 책 내용을 이해하고 문장을 상당 부분 외운다. 그림문자 단계에 있어 책 속에 보이는 그림과 글씨 그리고 어른이 읽어주는 문장을 어림짐작으로 연결 짓는다. 그림으로 내용을 연상하면서 책에 나온 문장들을 자기도 모르는 사이에 외워서 말한다. 얼핏 보면 글을 제대로 읽는 것처럼 보이지만, 사실은 부모가 들려준 내용을 모방하는 것이다. 그런 걸 '읽기 흉내' 또는 '유사 읽기'라고 한다. 유사 읽기를 많이 한 아이가 나중에 진짜 읽기도 잘하고 학업성취도 역시 높다는 연구 결과가 많다.

6세 무렵부터 문자 신경이 본격적으로 발달하여 진짜 읽기 학습을 시작한다. 이때부터 아이들이 책을 읽는 목적은 크게 두 가지다. 하나는 읽는 법을 배우기 위해서고, 다른 하나는 지식이나 즐거움을 얻기 위해서다. 두 가지 목적을 순차적으로 모두 이루기 위해서는 읽기 기술부터 익히는 것이 마땅하다. 이때 글말은 자연적으로 습득할 수 없어서 인위적인 학습 과정이 필요하므로 부모와 교사가 도움을 줘야 한다. 아이가 철자를 익히고 단어와 문장을 맞춤법에 맞춰 읽고 쓸 수 있도록 이끌어준다. 어느 정도 읽고 쓰는 능력이 생기면 스스로 읽고 쓰는 여건을 마련해준다. 그런 가운데 적절한 노력으로 학습 경험을 쌓아가면 읽기 지능이 꾸준히 발달한다.

독서이론가들은 읽기 능력의 숙달 정도를 여러 수준으로 나누어 설명한다. 이론가마다 수준의 단계를 나누는 방법이 꽤 다르지만, 그 핵심을 이해하기 쉽게 요약하면 초보 독서, 유창한 독서, 생산적 독서로 구분할 수 있다.

그중에서 초보 독서는 문자를 감지하여 단어를 해독하고 문장 내용을 독해하는 수준을 말한다. 읽기 지능의 작동 절차 중에서 '문자 지각-해독-독해'까지 잘 해결한다. 흔히 이 단계를 빨리 지나 다음 단계로 서둘러 진입하고 싶어 하는 경우가 많지만, 그렇게 조급할 일이 아니다. 기초를 잘 다져야 원활하게 '유창한 독서' 단계로 넘어갈 수 있으므로 초등 저학년 때 이 단계를 성실히 밟아야 한다.

유창한 독서는 글을 거침없이 읽어내는 수준이다. 뇌 신경에서 '문자 지각-해독-독해-연결'까지 잘 해결한다. 앞뒤를 연결하며 빠른 흐름으로 읽는다. 보통은 1분에 200~300단어를 읽고, 숙달된 독서가의 경우 1분에 500단어 이상을 읽는다. 유창한 독서의 장점은 정확성, 자동성, 운율성이다. 정확성은 말 그대로 정확하게 읽는 것이다. 글을 빨리 읽으면서도 주요 내용을 놓치지 않는다. 자동성은 크게 애쓰지 않고도 술술 읽어내는 것이고, 운율성은 리듬감 있게 물 흐르듯이 읽는 것을 말한다. 단조롭게 읽지 않고 노래하듯이 자연스럽게 읽어나간다. 미국 국가 읽기위원회에서는 3~4학년까지 유창한 독서 능력을 갖추도록 권장한다. 한국 역시 이와 비슷한 수준으로 초등 교과과정을 편성하고 있다.

가장 높은 수준에 해당하는 생산적 독서는 유창한 독서 단계를 거치고 나서 창의적으로 읽는 단계를 말한다. 문자 지각부터 메시지까지 모든 읽기 신경 절차를 유능하게 해결한다. 생산적 독서의 장점은 탄력성, 정교성, 확장성이다. 탄력성은 글의 성격과 읽는 목적에 따라 방법을 조절하면서 읽는 것이다. 정교성은 섬세한 통찰력으로 주요 내용을 정확하게 읽어내는 것이다. 확장성은 배경지식과 연관지식을 동원해 읽으면서 나중에 다른 글을 읽을 때도 도움이 되도록 발전적으로 읽는 것이다. 성실하게 읽기 지능 발달단계를 거쳐 초등 고학년부터는 생산적 독서 수준에 진입하는 것이 바람직하다.

독서 생활의 시작

독서를 지능화하기 위해서는 읽기 신경이 구조적으로 뿌리를 내려야 한다. 한때로 끝날 것이 아니라 평생 독서로 이어지려면 책 읽는 일 자체가 즐겁고 보람 있어야 한다.

아이에게 책 읽는 재미를 알려주고 독서하는 습관을 만들어주기 위해서는 동기부여가 필요하다. 그런데 어린아이에게 논리적인 설명으로는 동기를 불어넣기 힘들다. 본능적인 동기로 행동하게 만드는 것이 최선이다. 어떤 행동을 하도록 자연스럽게 원인을 제공하여 유도하는 '행위 유발성 affordance'이 필요하다. 스스로 책을 읽고 싶은 마음이 들도록 유인책을 마련한다. 독서 활동을 유발하는 데는 다음과 같은 방법을 쓰면 효과적이다.

첫째, 그림이야기책을 많이 보여준다. 그림이 시각적으로 호기심을 불러일으키고, 이야기는 서사 본능을 자극하며 재미를 준다. 아이들에게는 재미있고 즐거운 게 최고다. 책이 재미있으면 알아서 책을 찾아 읽는다. 글을 조금씩 읽을 줄 알더라도 처음에는 글밥이 적고 내용이 쉬우면서 같은 단어와 문장이 많이 반복되는 책을 선택하는 것이 좋다. 무엇보다 읽을 책을 아이에게 직접 고르게 하는 것이 좋다. 스스로 선택했으니 내적 동기가 커지고 잘 읽어야겠다는 성취욕과 책임감이 생긴다.

또한 그림책은 읽기 감각을 다중으로 키워준다. 이야기와 어우러진 그림이 글을 '해독'하고 '독해'하는 데 유용한 단서들을 제공한다. 숨은 그림 찾으며 암호를 풀 듯이 재미있게 그림과 글과의 관계를 유추하며 지능적으로 읽을 수 있다. 은연중에 어휘력, 문장력, 기억력, 추론 능력이 높아지는 잠재적 효과를 낸다.

둘째, 아이와 함께 책을 읽는다. 양육자와 아이가 다정한 분위기에서 상호작용하며 읽는다. 먼저 읽어주고 따라 읽게 하는 '메아리 읽기 echo reading'와 소리 내어 함께 읽는 '합창 읽기 choral reading' 등을 두루 활용한다. 사춘기 이전 아이들은 부모와 함께 보내는 시간에 도파민과 세로토닌 수치가 높아져서 행복감을 느낀다. 따라서 독서 습관 형성에 중요한 시기인 초등 1~2학년 때 부모가 함께 책 읽는 시간을 많이 가지면 아이는 독서를 행복한 경험으로 기억한다. 그것이 잠재의식 속에 저장되어 책을 읽을 때면 읽기 신경 회로와 행복한 정서를 자아내는 신경 회로들이 함께 활성화되면서 자기도 모르게 기시감처럼 행복한 감정이 피어오르는 것이다. 이런 현상을 '헵 학습' 효과라고 한다. 어떤 한 가지 신경 회로에 학습 자극이 입력되어 시냅스가 활성화될 때 그 자극과 연관된 여러 기능이 함께 활성화되면서 더불어 학습 효과를 거두는 현상이다. 서로 연쇄작용을 일으켜 상승효과를 내는 것이다. 모든 학습활동에서 헵 학습 방식을 활용하면 좋은 성과를 거둘 수 있다.

게다가 아이는 자기가 좋아하는 사람과 관심을 공유하며 함께 무언가에 주의를 집중할 때 큰 기쁨을 느낀다. 이를 '공동 관심' 또는 '함께 주의 기울이기joint attention'라고 하는데 아동의 학습활동에서 효과적으로 상호작용하는 개념으로서 중요한 역할을 한다. 아이와 어른이 함께 집중할 수 있는 공동 관심사를 많이 개발하며 책 읽는 방식을 그렇게 지능적으로 다양하게 운용하면 좋다. 책을 읽기 전에 제목과 표지에 대해 호기심을 자극하는 질문을 던진다거나 읽는 중에 인상 깊은 장면에 관해 이야기를 나눈다. 읽고 난 뒤에는 서로의 생각과 느낌을 나누는 식으로 독서의 효과를 높인다.

셋째, 시대의 흐름에 맞춰 편리하고 재미있는 디지털 읽기 도구들을 적절히 활용한다. 책을 읽어주면서 상호작용도 하고 흥미로운 연계 활동들을 다양하게 가미하는 전자책 단말기e-reader 같은 것들이 유용하다. 이런 교구들은 부모가 함께 책 읽기 어려울 때 보조 수단으로도 사용할 수 있어 이점이 많다.

이렇게 다양한 방식으로 독서 동기를 부여하여 아이가 책 읽기에 어느 정도 익숙해졌다면 자연스럽게 읽기 독립 단계로 넘어간다. 전문가들이 추천하는 대로 '읽어주기 → 함께 읽기 → 홀로 읽기' 순서를 단계적으로 밟아가며 혼자서도 책을 잘 읽을 수 있게 되는 것이다.

아이가 독서 생활을 시작하는 과정은 배움의 진로에서 매우 중요한 관문 역할을 한다. 그런데 현실에서 적지 않은 부모들이 여러 가지 이유로 이 관문을 충실하게 거치도록 돕지 못하여 아이가 독서 생활을 시작하는 데 어려움을 겪게 만든다. 어떤 부모들은 가정형편이 여의치 못하여 소홀하고, 어떤 부모들은 지능 발달의 원리를 잘못 이해하여 일을 그르친다. 읽기 독립으로 나아가는 순차적인 단계를 무시하고 급하게 서두르는 바람에 아이가 독서에 부담을 느끼게 만드는 부모들이 있다. 반대로 아이가 혼자 책 읽는 것이 미덥지 못해 오래도록 간섭하려는 부모들도 있다. 모두 읽기 지능의 순조로운 발달을 해치는 요인들이다. 읽기 지능은 저절로 발달하지 않으므로 여건이 어렵더라도 원리에 맞게 기초 잡는 일을 꼭 도와줘야 한다. 기본 능력을 쌓은 뒤에는 적절한 단계를 밟으며 가능한 한 자기 주도적으로 책 읽는 습관을 붙이도록 해준다.

의외로 교육열이 높은 가정에서 읽기 지능의 발달을 더디게 하는 일이 흔한데, 교육적 도움과 과잉 관여(간섭과 과보호)를 혼동하여 자율독서의 출발점을 마냥 늦추기 때문이다. 그러나 혼자 걸을 수 있는 나이인데 계속 아이의 손을 잡아주면 홀로 걷는 게 늦어지듯이 독서 활동에서의 과잉보호도 자율성 발달을 지체시킨다. 남에게 의존하는 타성이 생기면 뇌 신경에 '현상 유지 편향'의 관성이 나타난다. 그러기 전에 자율독서의 틀을 잡아줘야 한다. 8~10세 이후로는 주도적

학습이 잠재의식에서 내적 동기를 더 많이 유발한다. 스스로 하는 일에서 더 큰 성취감을 느끼는 것이다.

그렇다고 무작정 아이 혼자 책을 읽으라고 내버려둘 일은 아니다. 일일이 간섭하지 않되 아이에게 맞는 독서 방법을 안내해주고 독서 습관이 잘 잡힐 수 있도록 책 읽기 좋은 분위기와 환경을 마련해줘야 한다.

문해력 성장 로드맵

읽기 지능은 본능적인 힘을 크게 빌리지 못하고 후천적으로 연합 신경망을 구성하며 발현하기 때문에 그 발달이 상대적으로 더디다. 조급한 마음에 서두르면 부작용을 낳을 수 있으므로 인지 신경의 생리에 맞게 점진적 과부하 원칙을 지키면서 스몰 스텝 방식으로 사다리를 오르듯이 단계를 밟아가야 한다.

입력 가설로 익히 알려진 언어교육학자 크라센S. Krashen은 이해 가능한 수준의 정보를 입력해야 독서 능력이 효과적으로 발달한다는 이론을 설명하기 위해 'i+1'이라는 공식을 내놓았다. 여기서 'i'는 학습자에게 이미 입력되어 현재 이해하고 있는 난이도 수준이고, '+1'은 학습자의 현재 수준보다 약간 높으면서도 이해 가능한 수준의 언어 정보를 뜻한다. 현재 수준의 언어 정보만 입력하면 발전이 없고, '+2' 이상은 너무 어려워서 효과가 떨어질뿐더러 읽기에 무리가 따르므로 'i+1' 수준의 언어 정보를 입력해야 한다는 것이다.

독서 유창성 획득 단계

적당한 수준의 책을 선택하여 읽으며 자율독서 생활을 시작한다. 책의 난이도를 판단하는 방법은 많지만 모두 나름의 단점과 한계를 지니고 있으므로 아이의 읽기 수준을 파악하여 자기 맞춤의 '골디락스' 방식을 적용하는 것이 좋다. 아는 어휘가 98% 정도 되면서 같거나 비슷한 문장이 반복되는 책을 고르는 것이다. 만약 한 페이지에 100개의 단어가 있다면 모르는 단어가 2개 정도 비율로 있는 책을 골라 읽는 것이 효과적이다. 어느 정도 자신감이 생기면 95% 정도 해독할 수 있는 책에 도전해볼 수 있다. 급하게 수직적으로 난도를 높이기보다 수평적으로 비슷한 수준의 책을 다양하게 많이 읽으면서 조금씩 읽기 수준을 높여간다.

흥미 있는 책을 여러 번 읽는 것도 효과적이다. 실험 결과들에 따르면 초심자의 경우에 4회 정도까지는 반복해 읽을수록 유창성이 빠르게 높아지다가 7회 정도를 넘어가면서는 그 효과가 점점 미미해진다. 이를 학습의 '멱 법칙'이라고 한다. 적절한 횟수의 반복 독서가 어휘력과 문해력 발달에 도움이 된다. 다만 기계적으로 반복하여 읽는 것은 큰 도움이 되지 않으므로 읽을 때마다 새로운 목표를 세워 읽는 것이 좋다. 처음에는 대략 어떤 내용인지 파악하며 읽었다면, 두 번째는 이해가 안 되는 부분을 중심으로 읽고, 세 번째는 모르는 단어를 익히면서 읽고, 네 번째는 빠른 속도로 유창하게 읽는 식이다. 어릴 때는 같은 책도 내용이 재미있으면 여러 번 읽기를 즐긴다. 그러다 10세 무렵 형식적 조작기에 접어들면서 예측 가능한 이야기보다 아직 경험하지 못했던 이야기 세계를 더 선호한다. 그러므로 초등 저학년 때까지 독서 유창성을 높이기 위해 반복 읽기를 잘 활용하는 것이 좋다.

이와 비슷한 맥락에서 독서가 유창해질 때까지 시리즈나 같은 작가의 책을 모아서 읽는 것도 효과적이다. 주제나 성격이 비슷한 책을 모아서 읽으면 연속되는 흐름이 생겨서 어휘와 문장이 반복되며 암묵지 형성에 유리하다. 이렇게 일정한 범위를 정해서 읽는 것을 '좁혀 읽기 narrow reading'라고 한다. 일종의 '블록 학습'으로 자율독서 초기에 효과가 크다. 전문가들이 독서 초보자에게 많이 추천하는 방법이다.

읽기 신경이 암묵기억으로 자동화되어 유창성이 생기기 위해서는 물 흐르듯이 읽어나가는 습관을 붙여야 한다. 가끔 모르는 어휘가 나와도 멈추지 말고 맥락으로 유추하면서 계속 읽어나간다. 새로운 단어를 만났을 때 문맥을 통해 그 의미를 추론하는 능력을 키우면 이해력과 문해력 발달에 큰 도움이 된다.

유창성을 담보하면서 지능적으로 독서하는 데는 적당한 간격으로 휴지를 갖는 것도 중요하다. 틈틈이 휴지를 가지면 읽다가 놓친 부분을 보충할 수도 있고, 지치지 않게 생체리듬을 조절할 수도 있으며 자이가르닉 효과가 일어나 읽은 내용을 더 잘 기억할 수도 있다.[37] 우리 뇌는 마무리된 일보다 미완의 일에 시냅스 가중치를 두기 때문에 책을 단숨에 읽는 것보다 적절하게 휴지를 두며 읽는 것이 효과적이다. 미완성 상태에서 주의 집중력이 유지되어 내용에 대한 이해력과 기억력이 더 활성화된다. 대부분의 학습활동에서 벼락치기형 밀집 학습보다 분산 학습이 더 효과적인 것도 이런 이유에서다.

또 글을 유창하게 잘 읽기 위해 고려할 것이 '초점 두기 focusing'다. 읽는 목표에 따라 어떤 부분에 집중할 것인지 생각하며 읽는다. 글을 평면적으로 읽는 것보다 초점을 잡아서 구조적으로 읽으면 훨씬 효과가 좋다. 집중하는 에너지를 효율적으로 운용할 수 있고, 글의 흐름을 목표대로 잘 연결하여 빠르게 읽을 수 있기 때문이다.[38] 내용에 대한 관심과 흥미를 높이고 글을 읽는 활동 자체에도 묘미를 느끼게 해서 독서 생활을 지속해나가는 데 도움을 준다.

유창한 독서 지능을 탄력 있게 키우기 위해서는 다양한 읽기 방법을 경험할 필요가 있다. 책을 조용히 눈으로만 읽는 묵독, 나지막하게 소리 내어 읽는 음독, 큰 소리로 목청 높여 읽는 낭독, 누군가 읽어주는 소리를 들으며 눈으로 따라 읽는 청독, 똑같이 소리 내어 따라 읽는 추독 등을 두루 경험한다. 처음에는 주로 음독하면서 청독, 추독, 낭독을 곁들이면 읽기 유창성을 높이는 데 효과가 좋다. 시각과 청각을 함께 활용하면 독서 효과를 20% 높일 수 있다는 연구 결과도 있다.

어느 정도 독서 능력이 성장하면 글 전체를 꼼꼼히 읽는 정독, 뜻을 깊이 음미하며 읽는 숙독, 빠르게 읽는 속독, 내용을 대충 파악하며 읽는 '훑어 읽기skimming', 핵심 내용을 골라 가며 읽는 '추려 읽기scanning'도 필요에 따라 적절히 활용한다.

독서력 확장 단계

유창성이 높아지면 읽기 절차가 암묵기억으로 자동화되는 덕분에 신경 에너지 소모가 줄어들어 작업기억 용량에 여유가 생긴다. 그 여유분을 다른 신경 활동에 할애할 수 있다.

읽기 속도가 빨라지는 데 머물지 않고, 추론 과정을 거쳐 글을 음미하며 읽는 능력을 키울 수 있다. 독서 범위를 넓히며 '다양성 학습'도 할 수 있다.

독서력을 높이는 효과적인 방법 가운데 하나는 책 내용을 요약하며 읽는 것이다. 읽은 내용을 한 문장으로 요약하고, 다시 한 단어로 압축한다. 거꾸로도 한다. 전체 내용을 핵심 단어 하나로 집약하고, 한 문장으로 풀어 표현하고, 서너 문장 이상으로 설명한다. 가능하면 한 쪽 분량의 요약문을 작성해보는 것도 좋다. 간추린 내용을 말로도 설명해본다. 논리와 추론 능력이 요구되는 '요약하며 읽기'는 글말 신경망의 회로들을 강화해서 문해력 성장의 발판이 된다.

때때로 독서 중에 이해가 잘 안 되거나 독서하고 나서 책 내용을 기억하지 못해 애를 먹을 때가 있다. 읽은 내용을 작업기억에 또렷이 유지하지 못하고 장기기억에 생명력 있게 저장하지도 못해서다. 전전두엽의 작업기억과 해마의 기억 코딩 기능이 취약해서 그렇다. 이럴 때 읽은 내용을 연상하기 쉬운 이미지로 그려보면 이해력과 기억력에 큰 도움이 된다.

독서한 내용을 기록하는 것도 독서력을 강화하는 데 도움이 된다. 헵 가소성을 높이면서 능동적인 학습 효과를 낳는다. 기록장을 마련하여 제목, 저자, 줄거리, 감상 등을 기록

한다. 감상문을 쓰는 게 힘들다면 간단하게 독서 목록이라도 작성해보면 좋다. 단, 이런 독후 활동을 할 때 반드시 주의할 점이 있다. 아이에게 숙제하는 것처럼 부담감을 주어서는 안 된다는 것이다. 스트레스 호르몬인 코르티솔 수치가 높아져 독서 자체를 싫어하게 만드는 원인이 된다. 독서도 그렇고 독후 활동 역시 즐겁게 해야 뇌가 지능적으로 호응한다.

문해력 심화 단계

초등 고학년이 되면 독서 범위가 확장되어 일반문학이나 비문학 교양서도 접하게 된다. 읽기 난도가 높아지는 만큼 동기부여도 더 필요하다. 동기 이론에서는 '기대×가치' 개념을 많이 사용한다. 이를테면 난도가 좀 높더라도 무난히 책을 잘 읽어낼 수 있을 거라는 기대감과 독서를 하면 마음의 양식을 쌓고 학업에도 도움이 되어 가치 있다는 생각을 하게 되면 동기가 상승한다. 기대와 가치 중에 하나만 충족해서는 동기가 지속되기 힘들다. 두 가지가 따로 놀아도 동기가 약해질 수 있으므로 서로 맞물려 작용해야 효과가 커진다. 이때 중요한 것은 동기부여의 진원지다. 부모나 교사가 갖는 기대와 가치는 동기부여에 별 효과가 없고, 오히려 역효과만 불러올 수 있다. 학습자의 내적 기대감과 가치 판단으로 이어져야 효과가 있다.

성숙한 동기부여를 위해서는 인식론적 호기심이 필요하다. 아동기에는 감각 신경을 자극하는 정서적 호기심이 행동을 유발했다면, 청소년기부터는 이성적 자극에 의한 지적 호기심이 행동을 유발한다. 지적 탐구심을 가지고 책을 읽으면서 새로운 지식을 얻는 데 보람과 재미를 느낄 수 있다. 뇌 신경은 적당히 도전적인 자극을 꾸준히 받을 때 시냅스 가중치를 높인다. 이는 생명체가 새로운 자극에 반응하면서 호기심을 가지고 문제를 해결해나가는 '정향 반응'에서 비롯되는 것이다.

피아제의 인지발달 단계로 '형식적 조작기'에 들어서는 10대 청소년부터는 어떤 책이라도 노력하면 읽어낼 수 있는 뇌 신경과 지능의 잠재력이 생긴다. 물론 그 잠재력을 제대로 발현하기 위해서는 자기 통제력이 필요하다. 따라서 적절한 수준으로 난도를 높여가며 독서 목표를 구체적으로 세워 실천하면 높은 수준의 독서 능력을 기를 수 있다.

독서를 꾸준히 하면 처음에는 읽기 버거운 글이 어느 날 갑자기 쉽게 읽히는 현상이 일어난다. 이를 설명하기 위해 교육학자들은 '자기 학습' 가설을 내세웠다. 읽을거리에 관심을 두고 자기 대화로 내용을 음미하며 반복해서 읽다 보면 자기도 모르는 사이에 조금씩 실마리가 풀린다. 신경 회로에서 많은 정보가 오가면서 잠재 능력이 활성화되고, 잠자는 사이에 정리된 정보들이 기억으로 저장되면서 암묵지가 강화된다.[39] 이를 기억의 '재처리'와 '공고화'라고 한다. 깨어나면 잠재하던 지식 정보들이 점화되면서 어려웠던 부분이 이해가 가기 시작한다. 이런 되먹임이 이어지며 독서력이 발달한다. 어려웠던 책들도 어느새 편히 읽을 수 있게 된다.

체계적인 자기 학습이 이루어질수록 신경 가소성이 커지면서 읽기 지능이 잘 성장한다. 어떤 글을 읽든지 분명한 내적 동기를 가지고 시작한다. 남에게 등 떠밀려 읽기보다 '자기 동기화self-motivation' 하는 능력을 키워 스스로 읽는다. 먼저 읽는 목적에 따라 목표를 정하고 독서 방향을 잡는다. 문제의식을 품고 자기 자신과 예리한 질문을 주고받으며 탐구할수록 지능화 가중치가 높아진다. 중요한 사항들에 관해서는 여러 관점으로 추론하면서 이해를 정교화한다. 자기 토론을 벌이며 핵심 내용을 파악하고, 글을 깊이 음미하면서 요약한다. 그리고 비판적 사고로 독서 결과를 정리한다. 읽은 내용을 그냥 수용하는 것이 아니라 다양한 관점에서 검토하며 생각해보는 일은 문해력을 높이는 데 큰 도움이 된다.

세상에는 다양한 종류의 글이 있지만 독서하는 관점에서 보면 크게 '정보 중심의 글'과 '서사 중심의 글'로 나눌 수 있다. 기사문, 보고서, 논문처럼 설명하는 글이 정보 중심의 글에 속하고, 소설이나 동화처럼 이야기를 담고 있는 글들이 서사 중심의 글에 속한다.

정보 중심의 글 중에서도 기사문은 주요 정보를 빠르게 전달하기 위해 대부분 두괄식 구조를 갖는다. 이런 구조를 언론계에서는 '역피라미드형'이라고도 한다. 글머리 단락에서 핵심 정보를 간단명료하게 밝힌 뒤 세부 정보를 보충하면서 설명한다. 따라서 기사문을 읽을 때는 첫 단락을 신경 써서 읽어야 한다. 좀 더 알고 싶은 정보가 있으면 필요한 만큼 더 읽어서 보충한다. 이런 글을 많이 읽으면 교양을 쌓는 동시에 초점을 잡아 요약하는 지능도 발달한다.

비교적 길이가 긴 정보 중심의 글은 대개 '서론-본론-결론' 형식으로 이루어진다. 일단 서론을 살펴본 뒤에 결론을 읽어서 간파한 필자의 의도를 염두에 두면서 본론을 읽으면 글의 맥락을 빠르게 짚으며 잘 읽을 수 있다. 본론을 읽을 때는 '컴퓨터식 사고법'을 활용할 수 있다.[40] '분해-패턴화-추상화-알고리즘'의 절차를 밟는 방식이다. 글을 분해하여 기본 요소들을 추출하고 그들 사이에 규칙적인 패턴이 있는지 확인한다. 그 결과에 따라 핵심적인 패턴이나 규칙을 중심으로 체계(추상화)를 세우면서 논리정연하게(알고리즘 식으로) 핵심을 정리한다. 이런식으로 글을 많이 읽으면 논리적 문해력이 크게 성장한다.

문학작품 같은 서사 중심의 글을 읽을 때는 이야기에 담긴 정서적·미학적 의미를 발견하면서 읽는다. 동화나 소설은 대체로 비슷한 내용 구조를 갖는다. 이야기가 전달하려는 주요 의미를 끌어가는 주체(등장인물이나 추상적 개념)가 어떤 목적을 추구한다. 그리고 무언가가 주체를 도우면서 행운을 안겨주기도 하고, 또 다른 무언가는 주체를 방해하면서 시련을 겪게도 만든다. 그렇게 우여곡절을 거치면서 결국에 목적을 이루거나 실패하면서 이야기가 끝난다. 이런 식의 이야기 구조를 '행위소 모형'이라고 한다.[41] 이런 구조를 떠올리며 글을 읽으면 서사를 이해하는 데 도움이 되고 논리적 추론 능력을 키울 수 있다. 글에 담긴 의미가 무엇이고, 어떤 주체를 통해 어떤 대상을 목표로 추구하면서 그런 의미가 담기도록 이야기를 구성하는지 짜임새 있게 지능적으로 이해하는 것이다. 이런 글을 많이 읽으면 감성적 문해력이 성장한다.

생산적 읽기 지능

독서를 하는 궁극적인 목적은 자아를 고양하고 삶을 살아가는 데 도움이 되기 때문이다. 그러기 위해서는 기능적인 독서를 넘어 창의적이고 지성적인 독서 능력이 필요하다. 독서력이 상당해지는 초등 고학년부터 생산적인 독서를 시작하여 단계적으로 지성의 수준을 높여갈 수 있다.

생산적 독서를 위해서는 무엇보다 책을 잘 선택해야 한다. 세상에는 셀 수 없이 많은 책이 있다. 그중에서 나에게 도움이 될 양질의 책을 선택하는 것이 생산적 독서의 첫걸음이라 할 수 있다. 나아가 비판적 사고로 성찰하는 노력이 동반되어야 한다. 비판적 사고는 독서를 통해 기능적으로 지식 정보를 얻거나 서사를 이해하는 차원을 넘어선다. 저자의 사고에 의존하거나 마냥 꼬투리를 잡아 비난하면서 내치기 위함도 아니다.

12세기 철학자 샤르트르Bernard de Chartres는 '거인들의 어깨 위에 올라선 난쟁이'라는 표현을 쓰면서 이렇게 말했다. "우리는 그들보다 더 멀리, 더 많은 것을 볼 수 있다. 그러나 이는 우리의 시력이 뛰어나서가 아니라 그들의 어깨 위에 올라섰기 때문이다." 17세기 석학 뉴턴은 샤르트르의 명언을 이렇게 자신에게 적용했다. "내가 (연구와 발견에서) 더 멀리 볼 수 있었던 것은 거인의 어깨 위에 올라섰기 때문이다."

독서를 통해 더 멀리 보이는 것을 제대로 이해하며 진정한 자기 앎으로 체득하기 위해서는 명철한 자기 관점이 필요하다. 꾸준한 독서를 통해 스스로 깨우치는 '자기 계몽' 과정을 거쳐야 한다. 모든 독서에는 언제나 크고 작은 오독이 일어나며 읽고 배우는 데 허점이 생길 수 있기 때문이다. 사상가들은 지적 미성숙에서 벗어나는 노력을 계몽이라고 인식한다. 시대 문명과 사회 문화가 빠르게 변화하며 복잡성과 불확실성이 높아지는 초지능 정보화 환경에서 자기 계몽은 더욱 중요해진다. 생산적 독서에서 필요한 계몽은 읽기 지능을 기능성 차원에서 생산적 차원으로 고양하는 것이다. 독서는 자기 계몽의 과정을 밟는 데 있어 특별히 유용한 활동이다. 책 속에는 어깨를 빌려줄 거인들이 많다. 물론 책을 읽는다고 저절로 그들의 어깨 위로 오를 수 있는 것은 아니다. 언어지능과 그것을 통해 연계하며 길러온 사고력을 발판으로 삼으면서 지성적인 노력을 기울여야 한다.

자기 계몽의 노력에는 성찰하는 힘이 필요하다. 가드너가 아홉 가지 다중지능의 한 영역으로 '자아 성찰 지능'을 제시했듯이 성찰하는 능력은 지능의 일부를 이룬다. 사실 성찰에는 자아 성찰만 있는 게 아니고 비아非我, 즉 자아가 아닌 사람과 사물과 세상의 모든 것에 관한 성찰도 있다. 성찰은 되새겨 통찰하며 바람직한 결과를 끌어내는 일이다. 이때 되새김은 단지 과거의 일을 회상하는 것에서 그치지 않는다. 과거 일을 곱씹으며 더 좋은 앎을 끌어내는 일도 당연히 포함되지만, 현재와 미래를 통틀어 직접 경험하지 않은 일까지 되새기는 노력을 모두 포함한다. 얼핏 떠오르는 생각에 머물지 않고 다시 생각하면서 사고의 진화 과정을 밟는 것이다. 독서할 때도 그런 되새김이 필요하다.

그런데 우리의 신경계에는 심리적·인지적 자기방어 기제가 존재한다. 자기합리화, 고정관념, 확증 편향, 가짜 공감 등이 그로부터 나타나는 현상들이다. 비판적 독서와 성찰을 통해 이런 폐쇄적 자기방어 기제를 극복해야 한다. 글을 자기 입맛대로만 읽어서는 안 된다는 뜻이다. 작가의 말에 아무 생각 없이 끌려다녀서도 안 된다. 교육철학자 폴 R. Paul은 형식 논리만 갖춰 자기 편의로 비판하는 것을 '약한' 비판적 사고라 부르고, 성찰하며 객관성을 갖춰 비판하는 것을 '강한' 비판적 사고라 부르기도 하였다. 스스로 묻고 답하고 논박하며 더 나은 답을 구하기 위하여 생산적이면서도 강한 비판적 사고로 성찰하는 습관을 붙여야 한다.

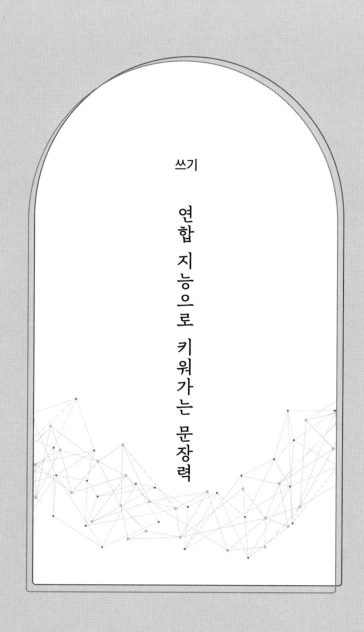

쓰기

연합 지능으로 키워가는 문장력

글쓰기는 인류가 발명한 최고의 지능적 문화 수단이다. 그런 만큼 글을 잘 쓰기란 꽤나 어렵다. 문화인의 자질에 걸맞은 지능을 갖춰야 한다. 글말 능력은 자연적으로 습득되지 않기에 인위적인 학습을 통해야 한다. 이 과정에서 상당한 노력을 쏟으며 신경 에너지를 많이 소모하는데, 글을 읽을 때보다 글을 쓸 때가 더 그렇다.

글쓰기는 그 어떤 언어수행 영역보다 많은 신경 회로를 동원하며 광범위한 정신 영역의 도움을 받는 활동이다. 뇌 신경망을 거의 다 동원한다고 말해도 과언이 아니다. 그래서 반전도 생긴다. 여러 신경 기능이 협력하는 덕분에 쓰기 지능의 유기적 원리를 이해하고 잘 따르면 의외로 어렵지 않게 좋은 결과를 얻을 수 있다. 지능이 노력을 돕기 때문이다.

쓰기 지능의 작동 절차

우리 뇌에서는 글쓰기에 필요한 신경 영역이 자연발생적으로 발달하지 않는다. 읽기에서처럼 기본으로 '문자 상자'라고 불리는 영역의 도움을 받기는 하지만, 그 비중이 크지 않다. 글을 쓰려면 문자를 해독하며 표기하는 신경 기능 외에도 더 많은 기능이 필요하다. 이성과 감성과 품성을 통해 사고력, 논리력, 상상력, 창의력, 표현력 등 많은 지적 능력을 동원해야 한다. 언어 신경의 본거지라 할 수 있는 좌뇌뿐 아니라 우뇌와의 공조도 필요하다.

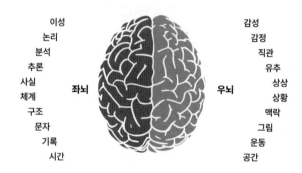

글쓰기는 장르나 작성 도구 등의 필요에 따라 뇌 신경의 여러 기능을 다양한 방식으로 동원하여 조절한다. 언어지능과 더불어 감성지능, 이성지능, 사회지능, 실존지능, 공간지능, 운동지능 등을 두루 연계하여 가동하면서 적용 비율을

조절하는 것이다. 글씨를 적당한 크기로 줄 맞춰 쓰기 위해 공간지각 신경을 활용하고, 손가락을 움직이기 위해 운동신경을 동원하는 식이다. 글의 성격에 맞도록 자기 언어를 능동적으로 운용하며 생산해내기 위해 생각하고 상상하고 창조하는 신경들도 역량만큼 동원하여 활용한다. 그럴 때마다 연관된 신경 기능들이 뇌에서 유기적으로 협응하는데 이를 신경망의 '다중 연합'이라고 한다. 다중 연합이 잘 이루어질수록 뇌들보의 신경섬유 다발이 두터워지면서 글쓰기 지능도 활발하게 발달한다.

글쓰기는 타고나는 지능이라기보다 노력으로 만들어가는 결정성 지능의 성격이 강하다. 타고나는 언어지능의 모체를 활용하면서 후천적 학습으로 여러 기능을 보태고 엮어서 다중 연합으로 자기만의 글쓰기 지능을 형성하고 키워나간다. 이때 인지발달과 작동의 원리에 맞게 노력하면 좋은 결과를 얻을 수 있다.

평소 우리가 글 쓰는 과정을 살펴보면 내면에서 여러 단계의 자아 소통 절차가 이루어진다는 것을 알 수 있는데, 그때마다 복잡한 신경 작업이 지능적으로 펼쳐진다. 그런 작동 절차를 요약하여 정리하면 다음과 같다.

착상 → 서술 → 전개 → 정교화 → 완성

착상

무슨 글을 어떻게 쓸지 생각한다. 사실 아이가 처음 글쓰기를 배울 때는 착상이라고 할 것이 별로 없다. 문자를 익히고 간단한 문장을 써보면서 글 쓰는 감각부터 익혀야 한다. 스스로 문장을 지어서 쓰는 능력이 생기면 그때부터 자율적인 글쓰기 활동을 펼친다.

착상은 쓰기 지능 발달에서 중요한 역할을 한다. 글의 형식과 내용을 계획하는 과정에 전전두엽, 후두엽, 두정엽이 관여하는데 이때 여러 신경 회로가 연계되면서 메타인지 능력을 키우고 전략 지능의 초석을 깔아준다. 착상하는 과정에서 뇌 신경망의 여러 회로가 유기적으로 활성화되는 것이다. 그 결과로 '헵 학습' 효과가 나타나 모든 지적 영역의 전략 지능이 함께 발달한다. 글쓰기 착상 단계에서 전략 지능을 기르다 보면 듣기, 말하기, 읽기 영역의 전략 지능은 물론이고 다른 지적 영역의 전략 지능도 함께 발달하는 것이다.

한 번 착상한 것을 완벽하게 지켜야 한다거나 그것에만 의존하는 것이 아니다. 글을 쓰면서 계속 보완해가지만, 일단 처음에 착상을 잘하는 만큼 글쓰기가 수월하고 탄탄해진다. 보통 사람들이 글을 쓸 때 이를 소홀히 하는 경향이 있지만 지능적으로 좋은 글을 쓰기 위해 필요한 절차다.

어떤 목적에서 어떻게 글을 쓸지 계획하는 일은 초심자

들에게 생각보다 쉽지 않다. 그럴 때 '사고 구술'을 하면 도움이 될 수 있다. 머릿속으로만 생각하지 말고 입으로 말하면서 이야기의 가닥을 잡아가는 것이다. 다른 사람을 상대로 구술해보는 것이 효과가 좋지만, 그게 어려울 때는 자기 대화 형식으로 혼자 구술한다. 그러면서 글거리topic, 주제theme, 제목title의 방향을 잡고 읽을 대상을 고려하여 내용의 틀을 구상한다.

중요한 글을 써야 할 때 체계적으로 착상하는 전략 지능을 적극 가동할 필요가 있는데 평소에 훈련을 해두면 좋다. 수동적으로 머리에 떠오르는 생각에만 의존하기보다 능동적으로 발견하고 탐색하며 궁리한다. 발견적·탐구적 사고는 모든 지적 활동에서 중요한 역할을 한다. 자신이 알고 있는 모든 지식과 상식을 동원하면서 탐구하는 것을 전략의 '일반 학습'이라고 한다. 그렇게 하여 포괄적인 생각을 정리한 뒤에는 범위를 좁혀서 주제와 관련된 분야의 지식을 필요한 만큼 더 조사하고 탐구하여 정교화한다. 이를 '분야 학습'이라고 한다. 일반 학습은 넓게 생각을 정리하기 위한 것이고, 분야 학습은 주제에 집중해서 구체적으로 생각을 정리하기 위한 것이다. 그렇게 정리된 생각을 가지고 짜임새 있게 착상한다.

서술

착상한 대로 글을 써나간다. 그런데 아이가 처음 글을 쓸 때는 문장 하나 쓰기도 쉽지 않다. 기초적인 연습이 필요하다. 베껴 쓰기와 받아쓰기를 해보며 쓰는 감각부터 익힌다. 베껴 쓰기는 모방하는 신경 기능을, 받아쓰기는 다중감각 신경 기능을 활용하면서 글쓰기 지능의 발달을 돕는다. 주어, 서술어, 목적어, 보어 등 문장 성분을 배열하여 문장 짓는 법도 익힌다.

초보자뿐 아니라 글쓰기에 꽤 익숙한 사람도 글을 시작하기 힘들어한다. 첫 문장을 쓰기가 쉽지 않은 것이다. 그 이유 중 하나는 뇌 신경이 겪는 '의사결정 피로' 때문이다. 전전두엽의 집행 기능에 과부하가 생겨서 그렇다. 글을 쓸 때 어떤 문장으로 시작할지 생각하면 선택지가 많은 것처럼 느껴져 갈피를 잡기 어렵다. 그래서 고민하고 망설이다 에너지를 소모한다.

그럴 때 유용한 방법이 '곧장 말하기' 기법이다. 의사결정을 단순화하는 방법이다. 인지 과부하를 해소하면서 글을 쉽게 시작하는 데 큰 도움이 된다. 꼭 하고 싶은 말, 제일 먼저 떠오르는 말을 단도직입으로 말한다. 글 전체의 첫 문장과 문단을 시작할 때마다 핵심 메시지를 곧장 말하는 것이다. 비록 핵심 메시지라는 확신이 없더라도 일단 떠오르는 문장을 서술한 다음 보충하는 내용의 문장들을 이어간다. 글을 써내려가다 처음 시작한 문장을 고치고 싶을 때는 그렇게 한다.

뇌의 브로카 영역이 단어를 선택하고 문장을 구성하여 글로 표현하는 일에 관여한다. 해마는 그렇게 서술한 내용을 기억으로 코딩한다. 뇌의 다른 영역들도 그에 협응한다. 이렇게 여러 신경 회로가 유연하게 연합하여 착상했던 대로 글을 써나가도록 돕는다. 그러므로 관련 신경 회로들이 유연하게 연합하여 기능하도록 열린 마음으로 생각하면서 착상한 목표에 맞는 내용을 서술해야 한다.

전개

글을 서술하고 나면 점점 발전시켜야 한다. 기본에 충실하게 글을 진전시켜 나간다. '되 읽기'와 '펼치기' 작업을 하면서 텍스트를 채운다.

'되읽기'는 이미 쓴 내용을 되새겨 읽는 작업이다. 서술한 내용을 곱씹으며 어떤 내용을 이어갈지 판단하기 위해 다시 읽는다. 그런데 이 과정에서 문제가 생길 수 있다. 자기가 썼다고 생각한 내용과 실제로 쓴 내용이 달라서 혼란을 겪는 경우다. 어떤 내용은 이미 서술했기 때문에 더 이상 이야기할 필요가 없고, 아직 이야기하지 않은 것들 중에 꼭 추가로 말해야 할 내용인지 판단하며 기억을 정리하는 데 혼선을 빚는다. '사고 이탈'과 '맥락불합치' 현상이 나타나는 것이다. 이런 일은 뇌 신경에 내재하는 '확인 편향'의 경향성 때문에 흔하게 발생한다. '생각을 기억하는' 신경 회로와 '생각을 언어로 표현하는' 신경 회로가 따로 작동해서 그렇다. 정신이 분열하여 따로 노는 '해리' 현상과 같다. 뇌에서 해리 현상이 발생하면 되 읽기에 착시 현상이 나타나 글을 이어 쓰는 흐름이 뒤엉킬 수 있다. 마음을 가다듬고 관찰자의 시선으로 자신이 쓴 글을 읽으면서 차이를 발견할 수도 있지만, 그래도 문제가 해결되지 않을 때가 흔하다. 그럴 때는 천천히 소리 내어 되읽기를 하면 상당히 도움이 된다. 시각 문자로 표현한 것을 청각 언어로 읽으면 다른 신경 회로가 추가로 작동하면서 객관적인 시선에서 문제를 발견할 수 있게 돕는다.

더 좋은 방법은 평소에 메타기억 능력을 기르는 것이다. '메타기억'이란 메타인지의 하위 개념으로 자신이 기억하는 것들을 점검하면서 교정하고 조절하는 능력이다. 무엇을 기억하고, 무엇을 기억하지 못하는지, 또 무엇을 잘못 기억하고 있는지 되새겨 조절한다. 평소에 글을 요약하며 읽고, 글쓰기에서 첨삭 활동을 하고, 생각을 메모하는 습관을 들이면 메타기억 능력을 자연스럽게 키울 수 있다.

'펼치기'는 글의 흐름을 발전시키는 것이다. 아는 모든 지식과 수집한 자료를 활용하고, 상상력과 추론 능력을 발휘하면서 내용을 펼쳐나간다. 브레인스토밍, 스토리텔링, 자기 토론 등 자아 소통을 이어가면 풍부한 내용을 전개해갈 수 있다.

좀 더 지능적으로 글의 전개 능력을 쌓기 위해 인지과학에서 '명제 네트워크'라고 부르는 개념을 활용하면 도움이 된다. 주제와 관련한 내용을 논리적으로 펼칠 수 있어서 글쓰기 과정 이론에서 많이 응용한다. '고양이는 동물이다'라는 내용은 하나의 명제를 이룬다. '동물은 생명이 있다'라는 내용도 하나의 명제다. '고양이가 살아 있다'라는 내용은 복합명제를 이룬다. '고양이는 동물'이라는 명제와 '동물은 생명체'라는 명제가 논리적으로 정합성 있게 결합했기 때문이다. 사고 세계와 언어 세계에는 이런 명제들이 구조적으로 네트워크를 이룬다. 이런 논리적 관계를 고려하면서 글의 내용을 체계적으로 펼쳐나갈 수 있다. 글 속 명제들의 연결 관계를 다이어그램이나 마인드맵을 그려 활용하면 논리적인 내용 전개를 시각적으로 파악하며 글을 잘 전개해나갈 수 있다. 명제를 추가할 때마다 왜, 무엇을, 어떻게 같은 물음을 주고받으면서 정확한 흐름을 점검하면 더욱 효과가 좋다. 글을 유창하게 전개하는 지능이 발달한다.

개개인의 언어에는 특징이 있다. 그것이 말이나 글에 구체적으로 드러나는 것을 '언어 지문'이라고 한다. 언어 지문은 글의 개성을 살리는 데 도움이 되지만, 한편으로는 글의 서술을 협소한 범위에 가두는 단점도 있다. 따라서 언어 지문이 경직되어 좁은 울타리에 갇히지 않도록 부단히 자기 각성을 이어가며 시야를 열어젖혀야 한다.

정교화

글을 전개하여 텍스트 윤곽이 드러나면 다듬는 작업을 한다. 글쓰기가 숙달되면 전개와 정교화 과정을 거의 동시에 진행할 수 있다. 정교화 단계에서 중요한 작업은 자기 비평과 고쳐쓰기, 편집하기다.

'자기 비평'은 '착상-서술-전개'를 거치며 작업해온 글쓰기 과정을 비판적으로 성찰하는 메타인지 절차다. 언어를 이해하는 베르니케 영역이 글을 분석하는 데 도움을 주고, 전두엽이 비판적 사고로 문제점을 파악하도록 돕는다. 그런데 이 과정에서 뇌 신경이 편향을 낳아서 작업을 방해할 때가 있다. 자기 글의 문제점에 눈을 감으면서 얼버무리려 한다. 정신분석학에서 말하는 나르시시즘이 글쓰기로 전이되어 자기방어 기제로 작동하기 때문이다. 자기가 쓴 글에 애착이 생겨서 아무런 문제가 없다고 은연중에 자기합리화를 하는 것이다. 이런 문제를 해결하기 위해서는 쓴 글을 덮어두고 시간이 좀 흐른 뒤 내용에 대한 기억이 엷어졌을 때 다시 되 읽는 것이 좋다. 그러면 자기애의 강도가 낮아져 객관적으로 판단하는 데 도움이 된다. 더 좋은 방법은 다른 사람들의 평 가를 받아보고, 그것을 귀담아듣는 것이다. 글쓰기 학습 과 정에서는 첨삭을 받는 활동이 정교화 능력을 발달시키는 유 력한 촉진제가 된다.

'고쳐쓰기'에서는 첨가, 삭제, 대체, 이동 등의 작업을 한 다. 이런 작업을 통해 글이 점점 정교해진다. 고쳐쓰기는 글 을 정교하게 다듬어 좋은 글을 완성한다는 점에서도 중요하 지만, 학습 과정에서 어린이와 청소년의 문해 지능을 기르는 데 효과가 크다는 점에서 더 중요한 의미를 갖는다. 첨삭 과 정에서 문해력의 가소성이 크게 발생하기 때문이다. 글에 대 한 집중력이 생기면서 작업기억 역량이 증가하고, 오류를 교 정하거나 내용을 보강하는 과정에서 메타인지 능력이 강화 된다. 또 글 내용을 반복해서 읽고 숙고하며 다듬는 과정에 서 글쓰기 지능의 암묵지가 공고화된다.

초보자는 단어와 문장을 고치는 데 열중하지만, 숙달된 필자는 글의 구조와 문체까지 신경 쓴다. 긴 글일수록 고치 는 양과 질에 비례하여 좋은 결과물이 나온다. 이 과정에서 언어의 규칙과 형태를 처리하는 측두엽과 주의력을 조절하는 소뇌가 세밀하고 정확한 교정 작업을 돕는다. 최대한 많은 신경 기능을 가동하여 잘못된 부분을 바로잡아 좋은 글을 쓰는 능력을 기르도록 한다.

'편집하기'는 글을 하나의 작품으로 만드는 작업이다. 글의 성격에 따라 적용해야 할 편집 규범들이 있다. 중요한 글쓰기 과제를 수행할 때는 이런 규범들을 잘 지켜야 한다. 특히 보고서나 논(술)문 같은 글을 쓸 때는 읽는 주체가 원하는 형식에 잘 따라야 한다. 일단 관례적인 형식에 맞추면서 필자의 의도가 잘 반영되도록 개성을 보탠다.

완성

착상했던 목표가 달성되었으면 이제 글을 마무리한다. 모든 글은 불완전하게 끝난다. 미련이 남더라도 적절한 선에서 종결한다. 더 손을 대도 나아질 게 없다는 판단이 들면 글에서 손을 뗀다.

쓰기 지능의 발달단계

우리 뇌에서 글쓰기만을 위해 저절로 발달하는 신경 영역은 따로 없지만, 글쓰기에 도움을 주는 연계 신경은 많다. 그런 신경 기능은 모두 아이의 전인적 성장과 함께 발달한다. 그러므로 연계하는 뇌 신경이 골고루 발달하도록 잘 보살피면 자연스럽게 글쓰기 지능의 발달을 돕게 된다.

영아기에는 글쓰기 활동을 직접 할 수 없으므로 쓰기 지능과 연계된 인접 신경들이 잘 발달하도록 신경을 쓴다. '쥐암쥐암' 놀이처럼 미세 근육을 발달시키는 동작이 도움이 된다. 유아기에는 젓가락 사용하기, 블록 쌓기, 종이 접기 같은 활동을 하는 것이 좋다. 그러면 소근육 운동신경 회로가 글쓰기에 필요한 미세 근육을 발달시킬 뿐 아니라 산술과 추론의 지능 발달에도 도움을 준다.

3~5세 무렵부터 문자와 관련된 장난감을 가지고 놀면서 문자에 친숙해지도록 한다. 글쓰기를 배운다기보다 문자와 친해지도록 돕는 것이다. 이 시기 아이들은 낙서하기를 즐긴다. 어른들의 글쓰기를 모방하면서 '상징 놀이'도 한다. 그런 것을 '글쓰기 흉내' 또는 '유사 글쓰기'라고 한다. 유사 글쓰기를 많이 하면 나중에 진짜 글을 쓸 때도 큰 도움이 된다. 창의력과 사고력 발달로 이어진다는 연구 결과들도 많다.

문자 신경이 민감하게 발달하는 6세 무렵부터 본격적인 쓰기 학습을 시작한다. 구체적 시점과 방법은 아이의 발달 상태를 확인하여 탄력적으로 조절하는 것이 좋다. 아직 준비가 덜 됐는데 무리해서 시작하면 적응하기 힘들다. 호기심과 흥미를 잃어버리고 글쓰기에 대한 무력감을 잠재의식에 심어줄 수 있다. 그렇다고 너무 늦게까지 내버려두면 교육받을 준비가 취약해진다. 대체로 예비 초등 시기에 읽기와 함께 쓰기를 익히는 것이 순조롭고 효율적이다.

교육학자들은 글쓰기 학습 과정을 크게 두 단계로 구분한다. 하나는 쓰는 방법을 '배우기 위해 쓰는learn to write' 단계로 하나의 기술처럼 쓰기를 배운다. 이때는 많은 것을 기대하기보다 철자, 단어, 문장, 텍스트를 잘 표기하여 쓰는 일에 집중한다. 다른 하나는 활용하기 위해 글을 쓰는 단계다. '소통하기 위해 쓰고write to communicate', '창작하기 위해 쓴다write to create'. 이미 배운 쓰기 기술을 활용하여 자기 생각과 느낌을 표현하며 다른 사람과 소통하고 작품도 창작한다. 따라서 글 쓰는 기술부터 먼저 익힌 다음 점차 수준을 높여가야 한다. 지능 발달의 원리에 따라 신경 절차를 성실히 밟을수록 글을 잘 쓰게 된다.

이렇게 글쓰기 능력이 숙달되는 단계를 세부적으로 분류하자면 예비적 글쓰기, 초보적 글쓰기, 관행적 글쓰기, 생산적 글쓰기로 나누어 설명할 수 있다.

'예비적 글쓰기'는 문자, 단어, 문장 쓰는 법을 기능적으로 익히기 위하여 예비 기술을 배우는 글쓰기 준비 단계다. '초보적 글쓰기'는 예비 기술을 활용하여 글 쓰는 일에 습관적으로 친숙해지는 단계다. '관행적 글쓰기'는 다양한 글쓰기 형식을 두루 익히면서 기능적으로 숙달하는 단계다. '생산적 글쓰기'는 숙달된 능력을 지성적으로 활용하는 단계다. 자아실현과 사회적 실현을 위해 비판적 사고로 성찰하며 자기 담론을 펼칠 수 있다.

글쓰기는 여러 신경 기능을 동원하여 연합적으로 지능을 형성하는 활동이므로 단계마다 적합한 수준의 인지능력이 통합적으로 필요하다. '여키스-도슨 법칙'을 적용하면 좋다. 과제 수행에서 과제의 난도가 너무 낮거나 너무 높으면 수행 효과가 떨어지고, 적절한 과제 난도와 수행 강도를 적용할 때 최상의 효과를 거둔다는 원리다. 따라서 적절한 비계를 제공하여 점진적으로 글쓰기 단계를 밟아나가야 한다. 아이의 발달 수준에 맞춰 필요한 조건을 갖추고 단계적으로 학습을 진행해야 뇌 신경에 무리를 주지 않으면서 효과적으로 글쓰기 지능을 성장시킬 수 있다.

글쓰기 습관 형성

문자, 단어, 문장 쓰는 법을 익혔다고 해서 그 결과가 저절로 글쓰기 지능으로 이어지지는 못한다. 글을 쓰는 일은 단순히 문자를 표기하는 작업이 아니다. 그보다 훨씬 복잡한 정신 활동을 거친다. 필요한 신경 절차들을 반복하면서 암묵지로 쌓아가야 하는데 이 과정이 글쓰기 습관을 형성하는 정신작용 과정과 맞물린다.

글쓰기에서 습관의 힘은 아주 크다. 암묵기억으로 자동화하는 것이기 때문이다. 가족이나 친구들과 대화할 때 별로 힘들이지 않고 자연스럽게 말하듯이 글도 일상의 일부로 편하게 써야 한다. 글쓰기 신경 회로가 안착하여 필요할 때마다 언제든지 저절로 작동하도록 만드는 것이다.

쓰기 지능을 자연스럽게 습관화하며 발달시키기 위해 교육이론가들은 네 단계 비계 설정을 많이 추천한다. '본보여 쓰기 modeled writing → 함께 쓰기 shared writing → 이끌어 쓰기 guided writing → 자율 쓰기 free writing' 단계를 순차적으로 밟아가며 글쓰기에 적응하도록 돕는 것이다. 처음에는 글 쓰는 본을 보여주고 따라 쓰게 한다. 그다음에는 의논하면서 함께 쓴다. 글쓰기 습관이 자리 잡기 시작하면 옆에서 도와주면서 아이 혼자 써보게 한다. 글 쓰는 일이 어느 정도 익숙해진 다음부터는 자율적으로 쓰게 한다.

글쓰기 습관을 순조롭게 붙이려면 일상 속 자기 이야기부터 쓰기 시작한다. 그날그날 자기가 겪은 일이나 생각을 표현하는 일기가 글쓰기 습관을 자연스럽게 형성하는 데 가장 좋은 방법이기 때문이다. 인간은 본능적으로 자기표현의 욕구를 지닌다. 일기는 본래 그런 욕구를 발현하는 수단으로 생겨났다. 많은 전문가들이 일기 쓰기를 추천하는 이유도 여기에 있다. 자연스럽게 글쓰기 습관을 붙이면서 지능 발달로 이어지는 신경 생리에 적합하다. 욕구가 있을 때 신경 발화가 잘되고 시냅스 가중치가 높아져 학습 효과가 좋다. 억지로 쓰게 하면 자기표현력 발달을 저해하고 글쓰기에 대한 부정적 심리를 낳는다. 글쓰기 불안의 주요 원인이 되므로 최대한 자연스럽게 행위를 유발해야 한다.

즐겁게 일기를 쓰는 아이는 글자와 문장으로 자기 생각을 한 마디씩 표현하면서 자기 충족감을 느낀다. 그렇게 써가는 글들이 모여 자기 이야기가 기록으로 쌓이는 성취감도 맛본다. 그러다 보면 자꾸 더 표현하고 싶은 욕구가 생겨나 문장이 자연스럽게 늘어난다. 그런 가운데 시나브로 글쓰기가 일상 속 습관으로 자리 잡으면서 뇌 기저핵을 중심으로 신경회로에서 루틴 작용이 일어난다.

글쓰기 습관을 기르기 위한 좋은 방법으로 독후감 쓰기도 있다. 독후감은 책 읽는 경험, 책 내용을 생각하고 느끼는 경험, 그것을 글로 표현하는 경험까지 모두 융합하여 유기적으로 여러 지능을 작동시킨다. 학령기 아이들은 책을 읽을 수밖에 없는데 그렇게 일상생활에서 경험하는 언어 자원을 쓰기 지능의 발달과 연계시킨다는 장점이 크다. 독후감 쓰기를 제대로 실천하면 쓰기 지능뿐 아니라 독서력과 사고력 같은 다른 지적 영역 발달에도 많은 도움을 준다.

독후감 역시 자기 욕구를 충족시키는 방향으로 써야 한다. 억지로 쓰면 역효과를 낳아서 차라리 안 하느니만 못하게 된다. 실제로 한국 학생들이 독서와 글쓰기를 싫어하게 된 원인을 조사해보면 '독후감 쓰기가 싫어서'와 '독후감 쓰기가 힘들어서'라는 대답이 가장 많다. 이런 부작용이 없도록 일기와 마찬가지로 자연스러운 방법을 통해 행위 유발성을 높이며 즐겁게 시작해야 한다.

그렇게 독후감 쓰기에 습관이 붙으면 인식론적 호기심을 가지고 독후 활동을 폭넓게 펼친다. 읽은 내용을 음미하고 요약하면서 느낌과 생각을 글로 표현해보도록 한다. 책 내용을 분석하고 논리적으로 생각을 전개하면서 서평 쓰는 훈련도 해본다.

온라인 네트워킹도 글 쓰는 습관을 기르는 데 유용하다. 자기중심적 세계에서 표현 욕구를 해소하던 아이가 자라면서 다른 사람의 호응도 얻고 싶은 사회적 인정 욕구가 강해진다. 그럴 때 행위 유발성이 큰 온라인 글쓰기를 시작하면 효과적이다. 개인 미디어 계정을 개설하여 글쓰기 실험실로 삼는다. 디지털 익명성에는 부정적인 면이 있어 늘 초인지 자기조절이 필요하지만, 긍정적으로 활용하면 시대 흐름에 잘 적응하면서 글쓰기 사회지능을 키울 수 있다.

이렇게 글쓰기 습관을 들이는 과정에서 뇌 신경의 생리를 잘 활용하면 더 좋은 효과를 거둘 수 있다. 그런 방법 가운데 하나가 혼잣말을 많이 하며 쓰는 것이다. 언어심리학자 루리아Alexander Luria는 아이들을 대상으로 글쓰기 습관에 관한 실험을 통해 혼잣말의 유용성을 발견했다.[42] 언어학자 윌리엄스James Williams도 비슷한 실험 결과를 얻었다.[43] 실험에 참여한 학생들에게 글짓기 과제를 주고, 글을 쓰는 동안에 혼잣말을 얼마나 하는지 특별히 고안한 방법으로 측정한 것이다. 그 결과 글짓기 능력이 뛰어난 학생일수록 두드러지게 혼잣말을 많이 한다는 사실을 확인했다. 혼잣말을 한다는 것은 내면으로 활발하게 사고하면서 자기 대화를 한다는 징표다. 생각을 많이 하고 그것을 되새기며 글을 쓰면 신경 회로가 그만큼 더 활성화되기 때문에 좋은 결과물을 내놓을 수 있다. 특히 어린이와 청소년에게는 혼잣말이 생각하는 것을 도울 뿐 아니라 자기조절을 하는 탄력성도 키운다. 그래서 힘을 많이 들이지 않고 즐겁게 글을 쓸 수 있다.

그리고 평소에 필기를 많이 하는 것도 글쓰기 습관을 형성하는 데 도움을 준다. 필기는 뇌 신경을 활성화하고 기억력, 집중력, 자기조절력을 높여준다. 수업을 들으면서 꼭 기억할 중요한 내용이 있을 때는 듣기를 방해하지 않는 선에서 필기하는 습관을 붙이도록 한다. 책을 읽고 줄거리를 요약하거나 인상적인 부분을 필기한다. 일상생활에서 특별한 것을 보고 들을 때, 불현듯 아이디어가 떠오를 때도 필기하는 습관을 붙인다. 그것들이 유익한 글쓰기 자료가 되고, 쓰기 신경 회로의 시냅스 가중치를 높여 지능 발달을 촉진하는 밑거름이 된다.

문장력 성장의 디딤돌

글쓰기 습관이 형성됐으면 다양한 종류의 글을 써보며 쓰기 지능의 수준을 발전시켜야 한다. 여러 장르의 글쓰기 영역이 지능적으로 연결된다. 그리고 모든 언어 영역과 지적 영역이 그물망처럼 연결된다. 쓰기 지능은 그런 여러 지적 기능을 유기적으로 동원하는 연합적 지능이므로 성장기 아이들의 지적 능력이 발달하는 과정을 종합적으로 고려하며 전인적 관점에서 문장력의 바탕을 다져야 한다. 뇌 속에 포괄적으로 글쓰기 역량의 커다란 원형prototype들을 먼저 형성하여 지능의 큰 뿌리부터 잘 내리고 나서 필요에 따라 세부 장르로 점차 분화해간다.

그렇게 전인적 관점에서 글쓰기 지능을 효과적으로 발달시키는 방법을 생각해보면 경험적 글쓰기, 정서적 글쓰기, 논리적 글쓰기로 나누어 문장력의 토대를 닦는 것이 바람직해 보인다.

그중에서 경험적 글쓰기는 생활 속에서 경험한 것을 글로 표현하는 작업이다. 일기, 편지, 기행문, 독후감 등이 여기에 해당한다. 글쓰기가 일상의 일부가 되도록 습관을 붙이면서 실존지능을 키운다. 정서적 글쓰기는 감성지능을 개발하는 영역으로 시나 소설과 같은 문학작품 그리고 축하나 감사를 전하는 글 등이 여기에 속한다. 감동과 재미, 서사의 본능을 일깨우며 정서를 풍부하게 발달시킨다. 논리적 글쓰기는 이성지능을 개발한다. 설명문, 논술문, 비평문, 보고서 같은 글을 조리 있게 작성하면서 언어의 설득력을 높인다.

아이가 성장하는 데 있어 경험과 감성과 이성은 없어서는 안 될 중요한 요소들이다. 이런 자질을 골고루 갖출 때 인성 발달과 궤를 같이하면서 글쓰기 지능이 균형 있게 성장할 수 있다.

어떤 영역의 글을 쓰든지 그 내용에는 진·선·미가 잘 담길수록 좋다. 글 쓰는 마음가짐의 기본 설정값이라 할 수 있다. 참된 내용과 선한 영향력, 미학적 깊이를 골고루 반영하면 가치 있는 글이 된다.

그리고 주제가 뚜렷할수록 좋다. 의미 있는 주제를 분명하게 설정하려면 '주제 의식'이 필요하다. 주제 의식에는 두 가지 측면이 있다. 하나는 좋은 주제의 글을 쓰기 위해 성찰하는 의식이다. 의미 있는 주제를 정하는 능력도 지능이다. 주어진 주제로 글을 쓸 때도 그 주제를 어떻게 의미 있게 구성할 것인지 성찰하는 의식이 필요하다. 같은 주제로 글을 쓰더라도 주제 의식의 폭과 깊이에 따라 글에 질적 차이가 생긴다. 다른 하나는 어떤 주제로 글을 쓰든지 정해진 주제에서 벗어나지 않도록 의식하는 것이다. 좋은 주제로 글을 시작하더라도 계속 의식하고 집중하지 않으면 초점을 잃기 쉽다. 글을 쓰는 내내 주제를 의식하며 구심력 있게 쓴다.

모든 글쓰기에는 독창성이 강조된다. 독창성은 독보성과 창의성을 포괄하는 개념이다. 독보성을 가지려면 글 쓰는 사람의 개성이 필요하다. 창의성은 새로움과 쓸모의 교집합이다. 새롭기만 하고 쓸모없거나 쓸모는 있는데 새롭지 않으면 창의적이지 못하다. 독창적인 글을 쓰려면 개성, 새로움, 쓸모가 있어야 한다.

실존지능을 기르는 경험적 글쓰기

삶에서 경험하는 것들을 관찰하고 생각하고 느끼고 기록하는 습관을 붙인다. 삶을 직시하며 정체성을 정립하는 가운데 자아를 실현하는 일은 성장과정에서 중요한 부분을 이룬다. 글쓰기가 그런 일을 유효하게 도울 수 있다. 그리고 일상에서 경험한 것을 글로 표현하다 보면 통찰력, 진정성, 섬세함, 독창성, 실존성이 길러지며 글쓰기 지능이 발달한다.

- **통찰력** 삶에서 관찰하고 경험한 것들을 글로 옮기는 과정에서 사고력이 넓어지고 깊어진다.
- **진정성** 자기 경험에 바탕을 두면서 마음에서 우러나는 언어를 진솔하게 구사하는 능력이 생긴다.
- **섬세함** 경험하는 일들을 구체적으로 묘사하면서 정교한 사고력과 표현력을 기른다.
- **독창성** 직접 경험한 것을 통해 고유한 이야기를 개성 있는 표현으로 서술할 수 있다.
- **실존성** 현실에서 체득한 지혜로 생명력 있는 글을 쓰면서 실존지능을 키운다.

관찰력의 문을 여는 열쇠는 호기심이다. 누구에게나 호기심은 있다. 유년 시절에 왕성하다가 나이를 먹어가면서 무뎌진다. 청소년기에 그 본능을 습관처럼 붙여놓으면 좋다. 익숙하지 않은 일을 하고, 새로운 사람과 만나고, 낯선 곳을 탐험하고, 모르던 지식을 터득하는 '네오필리아 neophilia' 정신이 필요하다.

우리 뇌는 구태의연한 것들보다 새로운 것을 보고 들으며 경험할 때 신경망에서 '경각 자극'으로 받아들여 각성을 일으킨다. 뉴런들이 민감해지며 필요한 기능을 강화한다. 따라서 많은 것들을 보고, 듣고, 감촉하고, 맛보고, 향기를 느끼면서 새로움을 얻을수록 좋다. 그럴 때마다 호기심을 가지고 섬세하게 관찰하면서 경험하는 것들을 신선한 자극으로 받아들인다. 또 그것을 언어로 표현해본다. 글로 스토리텔링하는 것이다. 그러면 상상력, 사고력, 표현력이 생생하게 구체화되어 기억에 깊이 저장되면서 실존적으로 글쓰기 지능과 창의력을 키운다.

감성지능을 기르는 정서적 글쓰기

마음에 감흥이 생기는 글쓰기로 우뇌를 자극하면서 감성지능을 발달시킨다. 감성은 인간의 모든 정신 활동에 영향을 미친다. 과거에는 인간이 이성적으로 활동하는 중에 변칙적으로 나타나는 현상을 감정이라고 여기면서 부차적이고 거추장스러운 존재로 치부하기도 했으나 요즘은 다르다. 감성을 인간 정신의 원초적인 뿌리로 인식한다. 신경과학에서는 숱한 실험을 통해 뇌 속의 변연계가 거의 모든 신경 작용에 관여하며 정서적으로 영향을 미친다는 사실을 밝혀왔다. 그래서 엄밀하게 따지면 감정 없는 생각이란 존재하지 않고,

감정 없는 언어도 없다는 인식이 자리를 잡아가고 있다. 또 인간의 정신과 의식이라는 것이 원천적으로 느낌에서부터 시작한다고 설명하기도 한다.[44] 이렇게 인간 정신과 지능의 뿌리가 되는 감성을 건강하게 발달시키는 데 글쓰기가 유용한 도구가 된다. 정서적으로 글을 쓰면 그리고 정서적인 글을 쓰면 정념을 순화하고 상상력, 창의력, 통찰력도 발달하면서 글쓰기 지능 발달의 조건을 폭넓게 강화한다.

정서적 글쓰기의 대표적인 영역은 문학이다. 시, 소설, 희곡, 수필, 우화, 콩트 같은 장르들이 있다. 사람은 누구나 문학 감성을 지닌다. 감수성이 예민하고 상상력이 풍부한 어린이와 청소년은 더욱 그렇다. 풋풋한 나이에 문학적 감성으로 글 쓰는 능력을 기르면 정서가 풍부해지고 문장력과 사고력이 유연해진다. 사춘기 때 감정 기복을 잘 조절하고 자아를 보람 있게 실현해나가며 학업과 진로에서도 창의력을 발현한다.

정서가 묻어 있는 글을 많이 쓸수록 글쓰기가 즐거워진다. 그러는 사이에 문장력과 감성지능이 시나브로 성장한다. 생각 내키는 대로 쓰면서 자기 정서와 즐겁게 놀면 된다.

문학적인 글을 쓸 때는 '창의성'이 많이 필요한데 창작 이론에서는 아이디어를 얻는 방법으로 두 가지 경로를 흔히 이야기한다. 뇌 신경에서 '의도적인 경로'를 거치거나 '즉흥적인 경로'를 거쳐서 좋은 생각을 떠올리며 창의적인 아이디어를 얻는 방식들이다.

즉흥적 경로는 불현듯이 영감이 떠오르는 것이다. 휴식을 취하면서 음악을 듣거나 산책할 때 '디폴트 네트워크'라고 부르는 신경 회로가 작동하면서 '즉흥적 경로'로 창의적인 생각이 떠오를 수 있다. 그런 유레카 같은 순간에 떠오른 생각을 글로 담아낸다. 그런 경험들은 확산적 사고력을 키우면서 다른 정신 활동에도 창의성을 전이하는 효과를 낳는다.

그러나 늘 즉흥적인 경로에만 의존할 필요는 없다. 의도적으로 창의적인 사고를 펼치면서 지능적으로 글을 써보는 연습도 필요하다. 기존의 경험과 지식을 해체하고 변형하며 생각을 재구성한다. 기존의 사고방식에는 어울리지 않거나 존재하지 않았던 것들을 다른 방식으로 새롭게 연합하여 재구성하는 것이다. 톨스토이가 좋은 사례를 보여주었다. 그의 소설《전쟁과 평화》의 등장인물을 설정할 때 자신의 아내 소냐와 처제 타냐의 인간적 면모를 해체한 뒤에 새로 조합하여 여주인공 나타샤의 캐릭터를 창조했다고 한다.

이렇듯 좋은 문학작품에는 독창적이면서 가치 있고 감동이 넘치는 '테마'가 있다. 그런 요소들은 대개 경험으로부터 우러나온다. 따라서 평소에 문학적 글쓰기와 경험적 글쓰기를 병행하면 헵 학습 효과로 상승작용을 일으켜 자연스럽게 품격 있는 문장력이 길러진다.

이성지능을 기르는 논리적 글쓰기

인간의 삶에는 논리가 필요하다. 학업을 수행하는 청소년들에게는 더욱 그렇다. 논리적 글쓰기가 중요한 이유다.

논리적 글쓰기는 의도하는 메시지의 내용을 조리 있게 글로 표현하는 이성적 활동이다. 논리적인 글에는 설명문, 논설문, 논술문, 보고서, 논문, 기사문 등 다양한 형식이 있다. 그중에서 어린이와 청소년이 많이 접하는 유형은 설명문과 논술문이다. 따라서 이런 종류의 글쓰기 지능부터 키울 필요가 있다. 그러면 논리력 잠재력이 다른 장르의 글쓰기 지능으로 상당 부분 전이되면서 이월효과를 낳는다. 설명하고 논술하는 능력은 모든 글쓰기와 지적 활동에서 두루 필요하기 때문에 근전이와 원전이의 이월효과가 크게 생긴다. '근전이'란 보고서나 논문 쓰기처럼 성격이 비슷한 가까운 영역으로 효과가 옮겨가는 현상이고, '원전이'는 듣기, 말하기, 읽기처럼 성격이 다른 먼 영역으로도 논리력의 효과가 미치는 현상이다. 원전이는 언어 이외의 영역까지 확대될 수 있다. 논리적인 글쓰기를 잘하면 분석, 추론, 논변 등의 여러 지적 활동에서도 논리력을 발현할 수 있는 것이다.

교육과정에는 지식을 설명하는 글이 많다. 교과서나 수업 시간에 배운 내용을 자기 언어로 재구성하며 논리적으로 설명할 수 있어야 한다(설명문). 그리고 거기에 자기 의견을 보태어 논리적으로 주장을 펼칠 줄도 알아야 한다(논술문).

먼저 설명하는 글쓰기 능력부터 기른다. 뉴스 기사처럼 사건을 보고하거나 어떤 상황에 관해 설명하는 글을 육하원칙에 따라 서술하는 방식부터 익히는 것이 효과적이다. 무엇이든지 설명해야 할 때 그 핵심 요소를 명료하게 제시하며 짜임새 있게 설명하는 지능적 기술의 기초가 되기 때문이다. 그런 다음 더 복잡한 내용을 설명하는 서술 방식도 체계적으로 학습하면서 지능을 확산시킨다.

무작정 글을 쓰려고 하면 시작하기 힘들고 매끄럽지 못한 글이 되기 쉽다. 논리적 절차를 운용하는 지능이 필요하다. 글의 착상부터 완성까지 글쓰기 절차를 밟는 과정 자체가 논리고, 지능의 발현이다. 그런 능력을 습관에 잘 붙여서 글쓰기 지능 속에 암묵기억의 한 갈래인 '절차기억'으로 내장해 둔다.

설명하는 내용이 긴 글을 대개 '서론-본론-결론'의 구조를 갖는다. 서론에서 글의 주제를 소개하고 왜 이 주제로 글을 쓰는지 그리고 어떻게 주제를 설명할 것인지 간략하게 제시한다. 결론에서는 본론 내용을 요약하고 궁극적으로 말하고자 하는 메시지를 표명하며 글을 마무리한다. 설명문의 주제가 무엇이든지 서론과 결론을 구성하는 기본 구조의 틀에는 큰 차이가 없다. 그러나 본론은 주제의 성격과 설명 방법에 따라 차이가 생긴다. 정의, 열거, 예시, 비교, 대조, 분석, 구분, 분류, 인과, 유추, 인용, 도표, 메타분석 등 여러 설명 기술을 활용할 수 있다.

어떤 방법을 활용하든지 설명에는 빈틈이 없어야 한다. 대충 맞는 설명과 딱 맞는 설명은 반딧불과 번갯불만큼이나 다르다. 탄탄한 설명을 위해서 '미시 MECE' 방식을 활용할 수 있다. '중복되는 것이 없으면서 빠지는 것도 없도록 철저하게 Mutual Exclusive & Collectively Exhaustive' 점검하는 방식이다. 세부 사항을 빠짐없이 살펴본다. 서로 겹치는 부분이 없는지도 검토한다. 이런 방식으로 검토하면서 글을 구성하면 설명에 빈틈이 없어진다.

설명하는 글쓰기에 좀 익숙해진 뒤에는 주장하는 글쓰기 지능을 키운다. 사실을 설명하는 것에 머물지 않고 자기 의견을 보태어 주장하면서 독자를 설득하는 글을 쓴다. 논리적으로 설명하는 것을 넘어 주장까지 내세우며 설득하기 위해서는 더 호소력 있는 논리의 글쓰기 능력이 필요하다.

논술문도 큰 틀에서 '서론-본론-결론'의 구도를 주로 활용한다. 먼저 서론을 잘 써야 한다. 읽는 사람의 관심을 잡아끌만큼 호소력 있는 첫 문장으로 시작하는 것이 좋다. 마음에 '갈고리 hook'를 걸듯이 끌림 있는 표현을 사용한다. 질문, 명언, 통계, 예시 등의 방법을 사용하여 독자의 마음을 끌어 당긴 다음에 글을 펼쳐나가면 호응을 얻기 쉽다.

본론은 더 잘 써야 한다. 주장을 논리적으로 펼치기 위해서는 '주장, 근거, 논증'이라는 기본 요소가 필요하다. 주장이 분명해야 하고, 근거가 있어야 하며, 근거에 거짓이나 오류가 없다는 것을 논증해야 한다. 그렇게 명쾌한 논증을 위해서는 다음 두 가지 요건을 충족시켜야 한다.

- **신빙성** 근거가 참이어야 한다.

    = 근거가 옳아야 한다.

- **타당성** 논증 과정도 참이어야 한다.

    = 근거로부터 주장을 끌어내는 과정이 옳아야 한다.

다시 말해 주장을 펼칠 때 거짓이나 오류 없이 앞뒤가 잘 맞아야 한다는 것이다. 이런 개념들을 이해하기는 별로 어렵지 않아서 쉽게 수행할 수 있을 것 같지만, 실상은 그렇지 못하다. 필자의 능력에 따라 논증하는 수준에서 많은 차이가 생긴다.

논증하는 방법으로 연역 논법, 귀납 논법, 가추 논법, 예증 논법, 유추 논법, 인과 논법, 통계 논법, 변증 논법 등이 있는데 이들 모두 장단점이 있다. 글의 내용에 따라 가장 효과적으로 설득력을 높일 수 있는 방법을 선택한다. 어떤 논법을 사용하든지 주장에는 근거가 필요한데 그런 근거로 서술하는 '지지 문장' 또는 '뒷받침하는 문장'들이 서로 잘 연결되면서 앞뒤가 논리적으로 맞아야 한다.

본론을 세 단락으로 편성하는 구도가 전통적으로 많이 활용되어 왔다. 그런 구도부터 익히고 나서 필요에 따라 다양하게 확장해가면 '점진적 인지 과부하'가 생겨 논리적인 언어지능 발달에 도움이 된다. 흔히 열거식 귀납 논법에 추론의 연역 논법을 적절히 가미한다. 첫 단락에서 논제를 설명하면서 그에 관해 자기가 주장하는 논지를 명쾌하게 서술한다. 될 수 있는 한 첫 문장에 주장의 핵심 메시지를 담는다. 둘째 단락에서는 그렇게 주장하는 근거를 제시하며 논증한다. 셋째 단락에서는 자기주장이 앞의 논증을 통해 어떻게 타당해졌는지를 조리 있게 정리하며 합리화한다. 반론의 여지가 없도록 정당화한다. 표현들도 논리정연해야 한다. 이렇게 일관된 메시지를 이어가며 주장을 호소력 있게 서술하는 방법을 '닻 내리기' 또는 '앵커링 anchoring'이라고도 한다.

결론에서는 본론을 요약한 뒤에 궁극적으로 말하고 싶은 메시지를 한 단락으로 분명하게 밝힌다. 요약이 명쾌하고 간략할수록 좋다.

글을 완성하고 나서 시간이 좀 지난 뒤에 다시 읽어보면 아쉬운 부분이 적지 않게 발견된다. 그것을 고치면 글이 더 좋아진다. 이런 작업을 반복 수행하다 보면 전두엽, 측두엽, 두정엽, 후두엽이 상호작용하며 연결되는 신경망의 시냅스 가중치가 점점 높아지면서 가소성이 생겨서 이성지능과 논리력 그리고 쓰기 지능이 함께 발달한다. 학습이론 중에는 '불일치 축소 이론'이란 것이 있다. 성취하고자 하는 목표와 현재 도달한 수준의 차이를 좁혀가는 방법이다. 꾸준히 원리에 맞는 글쓰기를 실천하면 원하는 문장력을 가질 수 있다.

생산적 글쓰기

우리가 글을 쓰는 궁극적인 의미는 무엇일까? 내면에 알알이 맺혀 나오는 정신의 결정체들을 문자로 표현해내는 작업이 바로 글쓰기다. 자아 속에서 많은 의미가 영근다. 혼잣말이 깊어지면 글로 옮길 이야기도 풍부해진다. 자기 담론의 토양이 된다.

존 스타인벡의 말처럼 "글쓰기는 세상에서 가장 외로운 노동"일지 모른다. 하지만 사람에게는 고독한 시간도 필요하다. 사색과 글쓰기로 실존의 고독을 감당하는 일은 매우 생산적이다. 정신적 격랑을 자주 겪는 질풍노도의 청소년기에는 더욱 그렇다. 그런 시간의 글쓰기가 사회로부터 단절되는 일은 아니다. 오히려 반대다. 글을 매개로 세상과 깊게 소통하는 계기가 된다. 자아는 사회의 일부이기 때문이다.

글을 쓸 때 활용하는 지식도 세상 담론에 영향을 받으며 터득한 것들이다. 그것을 고유한 자기 담론으로 재창조하며 글을 쓸 때 자아와 현실을 잇는 성찰이 이루어진다. 자아와 세계의 대화가 이어지는 것이다. 이렇게 성찰하는 대화적 글쓰기 과정을 잘 수행할수록 사회지능과 성찰지능이 발달하고 담론의 수준이 높아진다.

처음에는 자기중심적 세계에서 글을 쓰기 시작하여 담론의 싹을 틔우다 보면 더 넓은 세계에서 다른 누군가를 향해서도 글을 쓰고 싶어진다. 그럴 때 두 가지 소통 과정을 거친다. 하나는 자아 소통이고, 다른 하나는 독자와 잠재적으로 소통하는 것이다. 일반적으로 두 과정을 동시에 밟는 게 효율적이지만, 학습의 차원에서 차례대로 절차를 밟아나가도 유익하다. 두 과정을 따로 수행하면서 연결 지으면 지능의 발현 절차를 자연스럽게 익히며 글쓰기 역량을 입체적으로 기를 수 있다.

먼저 자아와 충실하게 소통하면서 글을 쓴다. 그런 다음 독자와 소통하는 글로 다듬는다. 독자가 읽을 글도 결국은 필자의 마음, 생각, 경험, 지식을 바탕으로 나온다. 그러므로 글에 '자기 충족성'부터 갖춰야 한다. 다른 누군가를 위해 글을 쓴다는 것은 자아의 내면에서 우러나는 메시지를 외부로 드러내며 소통하는 것이다. 플라톤은 글이 보약과 독약의 뜻을 함께 지닌 '파르마콘'과 같다고 했다. 글이 보약이 되기 위해서는 그 내용이 참되어야 한다. 그래야 진정성 있는 글로 다른 사람들과 생산적으로 소통할 수 있다.

글 쓰는 현실에는 세 가지 요소가 존재한다. 자아와 글(언어)과 세계다. 세계는 자아를 둘러싼 세상이다. 그 안에 독자도 있고, 지식도 있고, 사회도 있고, 삶도 있다. 자아도 세계의 일부다. 글은 세계의 일부로서 자아와 소통하고, 전체로서 세계와 소통하는 수단이 된다. 소통하며 글을 쓰는 주체는 당연히 자아다. 자아가 어떤 의식으로 소통하며 글을 쓰는지에 따라 담론의 색깔이 달라진다. 글쓰기 정체성이 결정되는 것이다. 자기 담론이 일관성 있고 설득력을 지니기 위해서는 글쓰기 정체성이 분명해야 한다. 이를 위해 세계관이 필요하다.

자기 대화를 깊이 나누고 세계와 소통하며 열린 사고로 글을 쓰다 보면 세계관이 형성되고 자기 담론이 생긴다. 그러면서 자아의 정체성과 주체성이 점점 뚜렷해진다. 그렇게 성장해가며 비판적 사고가 자라고 현실의 모순과 부조리를 꿰뚫어 보는 눈을 갖게 된다. 예리한 눈으로 세상을 바라보며 참된 글을 쓰면 지성적인 문장력이 길러진다.

평범한 것을 이야기하는 글보다 문제의식을 풀어내는 글이 더 읽을 가치가 있다. 현실에 대한 문제의식을 글쓰기로 승화시키면 값진 글이 나온다. 이런 생산적 글쓰기 활동을 통해 성장하는 지성적 담론은 자아를 실현하고 더 나아가 바람직한 사회를 실현해가는 데 디딤돌이 된다.

주(註)

1 다음 책에서 그런 내용을 다루었다. B. F. Skinner (1957) *Verbal Behavior*, Copley Publishing Group.

2 이와 관련한 내용을 다음의 여러 저술에서 다루었다. Noam Chomsky (1957) *Syntactic Structures*, (1959) A Review of B. F. Skinner's Verbal Behavior, *Language Vol.35(1)*, (1965) *Aspects of the Theory of Syntax*, (1968) *Language and Mind*, (1975) *Reflections on Language*.

3 접두사 '메타-'는 그리스어 'μετά(meta)'에서 유래했는데 '…너머'의 뜻을 지닌다. 그래서 '초월적'이거나 '상위의' 상태를 의미하면서 한 차원 높은 의미의 개념으로 쓰인다. 이를테면 '메타기억'은 기억에 대한 기억, '메타지능'은 지능에 대한 지능, '메타데이터'는 데이터에 대한 데이터를 뜻한다.

4 이 연구의 세부 사항에서 흠이 없지는 않지만, 언어 환경 문제에 대한 경각심을 일으키면서 토론을 활성화하는 데 크게 공헌했다. Hart B., Risley T. (1995). *Meaningful Differences in the Everyday Experience of Young American Children*. P.H. Brookes.

5 최근 한 연구에선 격차가 좀 적게 400만 정도 된다는 계산도 나왔다. Gilkerson Jill et al. (2017). Mapping the Early Language Environment Using All-Day Recordings and Automated Analysis, *American Journal of Speech-Language Pathology. 26* (2), 248-265.

6 이런 사례를 접하면 흔히 주인공의 천재성에 초점을 맞추기 쉬운데 사실 그 배경에는 부모의 정성 어린 보살핌과 교육이 있다. 여러 일화들을 통해 스튜어트 밀의 아버지 제임스 밀의 자녀교육에 대한 열정을 엿볼 수 있는데, 그는 스튜어트가 아기 때부터 풍부한 언어 자극을 꾸준히 제공해주었다. 또 여러 언어의 문법을 가르쳐주고, 그것을 고전 읽는 즐거움으로 이끌었다. 그뿐 아니라 지적 능력의 발달을 적극 돕기 위해 자기 절친이자 '최대 다수의 최대 행복'이란 메시지로 유명한 공리주의 학자 제러미 벤담의 집으로 아들을 보내 서너 살 때부터 지적 대화와 토론을 많이 나누고 사회성도 배우게 했다.

7 언어 발달과 어린이 언어 습득에 관해 많이 연구한 학자다. Brown, R. (1973). *A first language: The early stages*. George Allen & Unwin.

8 플린 효과가 모든 시대의 모든 국가와 모든 인구 집단에서 똑같이 나타나지는 않는다. 일부 연구에 따르면 최근 몇십 년 동안 플린 효과가 둔화하거나 멈추거나 후퇴하는 경향도 나타난다. 20세기 상당 기간까지는 교육환경이 계속 개선되는 과정을 밟았지만, 그 뒤로는 이미 좋은 환경이 일반화되어 개선 속도가 둔화하거나 제자리걸음을 하기 때문으로 추정된다. 그리고 핵가족을 넘어 한부모 가정이 늘어나는 등 생

활환경이 파편화하고 고립화하면서 지능적 신경 자극의 기회가 줄어들고, 그로 인해 IQ가 낮아지기까지 한다. 그만큼 양육 환경과 교육 방식이 중요하다는 점을 일깨운다. James Flynn (2009). *What Is Intelligence: Beyond the Flynn Effect*, Cambridge University Press.

9 지능을 이렇게 구분하는 게 타당한지에 대해서는 동의하지 않는 학자들도 있다. 그럼에도 상식과 교육의 차원에서 지능의 서로 다른 성격을 쉽게 이해하는 데 도움이 되므로 학습이론에서 흔히 활용한다. Raymond Bernard Cattell (1987). *Intelligence: Its Structure, Growth, and Action*. Elsevier.

10 하위징아는 *Homo Ludens* 《놀이하는 인간》이라는 책에서 인간 문화를 놀이의 관점에서 분석하면서 인간이 본질적으로 놀이하는 존재임을 강조했다. 그는 인간의 사회적·문화적 활동은 놀이의 규칙과 형태에 따라 형성되며 인간 문명의 중요한 부분이 놀이에서 비롯된다고 보았다.

11 쉽게 이해하도록 이 책에서 '전압'이라는 표현을 쓰는데, 신경과학에서는 '전위 (electric potential)'의 변화라는 표현을 많이 쓴다. 양전하와 음전하의 전위 차이로 생겨나는 전류의 강도가 전압(volte)이다.

12 신경과학자 Stanislas Dehaene가 좌뇌 측두엽 밑에서 발달하는 문자 신경 영역을 '문자 상자'라고 이름 지어 부르기 시작했다. Dehaene S. (2009), *Reading in the brain. Penguin*; 이광오·배성봉·이용주 옮김 (2017), 《글 읽는 뇌》, 학지사.

13 입말의 경우 다수의 학자들이 12세 무렵까지를 민감기로 보지만, 글말의 경우에는 아직 충분한 합의점을 찾지 못한 상태다. 또한 몇몇 학자들은 민감기가 15세 또는 20대까지 지속된다고 주장하기도 한다.

14 두 가지를 엄격하게 구분하기는 힘든 면이 있다. 선명하게 구분하려는 학자도 있지만(예를 들어 Krashen S. D. 1981, *Second language aquistion and second language learning*, Pergamon), 서로 겹치며 경계가 없어지는 부분도 있다. 또 넓은 의미에서 학습은 자연적 습득을 포함하기도 한다. 그래도 언어지능의 발달을 설명하는 데 두 가지를 구분하여 이해하면 편리한 점들이 있다.

15 비고츠키의 근접발달영역의 개념은 그 실체를 정확하게 검증하기 힘들다는 점에서 모호하다고 비판하는 학자들도 있다. 하지만 효과적인 학습 방법을 고민하는 차원에서 학습 도구로서의 활용 가치는 작지 않다.

16 Warren R.M. & Warren R.P., 1970, Auditory illusions and confusions, *Scientific American*, 223, 30-36.

17 이 이론의 내용에는 약점도 꽤 있다. 모든 학습에서 똑같은 망각 현상이 나타나진 않는다. 학습하는 내용의 성격과 학습하는 방법 등 여러 조건에 따라 망각 상태가 달라지므로 에빙하우스의 곡선을 일반화하면서 고지식하게 적용하는 일은 피해야 한다. 다만, 하나의 구체적 사례로서 참고해볼 패턴이라고 생각하며 융통성 있게 응용하

면 나름으로 도움이 된다.

18 다음 책에서 관련한 연구들이 많이 소개되었다. Stephen M. Fleming (2021) *Know Thyself: The Science of Self-Awareness*, Basic Books. 배명복 옮김, 《나 자신은 알라》, 2022, 바다출판사.

19 담론이란 어떤 의견, 주장, 지식, 이론 등을 공유하는 사람들 사이에 통용되는 언어 를 말한다. 프랑스어로 '디스꾸르(discours)'라고 하는데 이를 학술 용어로 처음 전 파한 사람은 프랑스 사회철학자 미셸 푸코다. 영어로는 'discourse', 한국어로는 '담 론'으로 번역되었다. 푸코는 본래 시대 관념을 반영하는 지식이 스며들어 있으면서 동시대인들 사이에 상식처럼 사용되는 언어를 지칭할 때 이 용어를 사용했다. 각 시 대의 사회를 지배하는 구조적 언어를 설명하는 데 주로 사용한 것이다. 그 뒤로 많은 사람들이 다양한 맥락에 적용하면서 광범위하게 개념이 확장되었고, 지금은 다양한 층위의 구조적 언어 질서를 지칭하는 용어로 쓰인다. 또한 순전히 언어 사용의 기능 적 맥락에 적용할 때는 '담화'라고 번역하여 뉘앙스의 차이를 두기도 한다.

20 바흐친은 '다음성' 개념을 주로 문학작품 분석에 많이 적용했지만, 모든 언어활동에 다 적용할 수 있다. 당연히 듣기에도 적용할 수 있다.

21 애쉬는 실험 그룹의 인원을 변경하면서 여러 번 실험해본 결과 그룹이 3~4명일 때 집단 압력이 강하게 작용하고, 그 이상은 그룹 크기가 커지더라도 동조율이 크게 증가하지 않는다는 사실도 발견했다. Solomon E. Asch (1955), Opinions and Social Pressure, *Scientific American* Vol. 193, No. 5, 31-35.

22 Rivers W.M & Mary S. Temperley M.S., (1978), *A Practical Guide to the Teaching of English as a Second or Foreign Language*, Oxford University Press.

23 Huttenlocher, J., Vasilyeva, M., Cymerman, E., & Levine, S. (2002). Language input and child syntax. *Cognitive Psychology*, 45(3), 337–374.

24 '차이'와 '지연'을 합쳐서 만든 신조어인데, 본래의 의미에서 미끄러지며 지연되어 정확성에 차이가 생긴다는 뜻에서다. Jacques Derrida (1967), *L'Écriture et la différence*, Seuil.

25 좀 더 자세하게 말하자면, 뇌의 '해마'라는 곳에서 기억 저장을 많이 돕는다.

26 심리학자 메라비언(A. Mehrabian)은 실험 결과를 통해 표정이나 몸짓 같은 시각 표현이 55%, 목소리 톤 같은 청각 표현이 38% 정도 메시지 전달에 영향을 미치고, 순수한 언어는 겨우 7%밖에 영향을 미치지 않는다고 주장했다. 이를 '7-38-55 규칙' 이라고도 한다. 하지만 이 실험 내용에는 문제점이 꽤 있고, 실험 결과 역시 세간에 서 너무 과장되게 해석하는 경향이 있다. 감정적인 메시지에 국한되는 연구 결과임 에도 불구하고 성급하게 일반화하는 것이다. 그런 오류만 피한다면 말하기에서 비 언어적 요소가 중요하다는 이야기는 통념에 어긋나지 않는다.

27 이론을 내놓은 두 학자의 이름 Joseph Luft & Harry Ingham을 합성하여 지은 용어다. Joseph Luft (1969), *Of Human Interaction: The Johari Model*, Mayfield.

28 언어사회학자로서 사회생활 속에서 나타나는 언어의 문제를 많이 연구했다. Erving Goffman, 1959, *The Presentation of Self in Everyday Life*. University of Edinburgh Social Sciences Research Centre: (진수미 옮김), 2016, 《자아연출의 사회학》, 현암사.

29 셀리그먼은 긍정심리학이라는 흐름을 주도한 학자다. Martin Seligman, 1991, 1998, *Learned Optimism: How to Change Your Mind and Your Life*, Knopf, Penguin Books; 우문식, 최호영 옮김, 2012, 《낙관성 학습》, 물푸레; 2002, Authentic Happiness, Free Press; 김인자, 우문식 옮김, 2014, 《긍정심리학》, 물푸레; 2011, Flourish, Free Press; 윤상운, 우문식 옮김, 2011, 《플로리시》, 물푸레.

30 A.W. Blanchfield, J. Hardy, H.M. De Morree, W. Staiano, S.M. Marcora, 2013, Talking Yourself Out of Exhaustion: The Effects of Self-talk on Endurance Performance, *Medicine & Science in Sports & Exercise*.

31 카텔은 심리학의 개척자로 불리는 분트의 제자다. 다음 논문에 관련 내용이 들어있다: James McKeen Cattell, 1886, The time it takes to see and name objects, *Mind*, 11(41), 63-65.

32 John Ridley Stroop, 1935, Studies of interference in serial verbal reactions, *Journal of Experimental Psychology*, 28, 643-662.

33 신경의 절차 기능이 다르다는 뜻이지 모든 학습자가 반드시 엄격하게 절차를 분리하여 학습해야 한다는 이야기는 아니다. '총체적 언어 접근' 계열의 학습법에서는 해독 절차를 따로 구분하지 않고 독해를 학습하기도 한다. 중요한 건 어떤 학습법을 따르든지 어린이가 처음 읽기를 학습할 때는 조급하게 진도를 서두르지 않는 일이다.

34 게젤을 필두로 모펫과 워시번 같은 학자들이 이론을 주도했다. Gesell A. (1925), *The mental growth of the preschool child*, Macmiillan; Morphet M. & Washburne C. (1931), When should children begin to read?, *The Elementary School Journal*, 31, 496-508.

35 클레이로부터 시작하여 여러 학자가 관련 이론을 내놓았다. Clay M.M. (1966), *Emergent reading behavior*, Unpublished doctoral dissertation, University of Auckland, New Zealand; Chomsky N. (1979), Human language and other semiotic system, *Semiotica*, 25, 31-44.

36 우타 프리스, 스타니슬라스 드앤 등 학자들의 저술에서 그 예를 찾아볼 수 있다. Stanislas Dehaene (2007) *Les neurones de la lecture*. Odile Jacob; (2009)

Reading in the brain. Penguin; (2017)《글 읽는 뇌》, 학지사, 231쪽 참고.

37 심리학자 쿠르트 레빈이 제자 블루마 자이가르닉과 함께 흥미로운 사실을 발견했
다. 사람은 아직 끝나지 않은 일에 관해 기억을 잘한다. 반면에 이미 끝낸 일은 쉽게
잊어버린다. 식당 종업원이 손님한테 주문받은 메뉴들을 서비스가 끝날 때까지 신
기할 만큼 잘 기억하다가 서비스가 끝나고 나면 싱겁게도 금방 잊어버리는 식이다.
마무리된 일보다 미완의 일이 뇌 작용을 더 활발하게 강화한다. 잠재의식에서 미완
의 일을 신경 쓰며 챙기는 것이다. 이런 형상을 심리학에서 '자이가르닉 효과'라고
부르게 되었다.

38 흥미로운 실험이 있었다. 어른들이 외출한 사이에 두 어린이가 온 집안을 헤집고 다
니며 노는 내용의 글을 두 그룹의 실험 참가자들에게 읽도록 했다. 한 그룹은 집을
사려는 구매자 관점에서 읽게 하고, 다른 그룹은 집에 들어가 중요한 물건을 훔치
려는 도둑의 관점에서 읽게 했다. 그 결과 예상대로 각 그룹이 글의 흐름을 상당히
다르게 읽었다. 읽기의 목표에 따라 관심의 초점이 달라지면서 글의 흐름을 연결하
는 차이가 생긴다. Pichert, J. W., & Anderson, R. C. , 1977, Taking different
perspectives on a story, Journal of Educational Psychology, 69(4), 309-315.

39 학자들은 잠자는 사이에 숙면과 렘수면 상태를 반복하며 지식의 기억들이 확
장되는 과정을 많이 연구하여 검증해왔다. 이런 책에서 관련 내용을 읽을 수 있
다 : Hannah Monyer & Martin Gessmann, 2015, Das geniale gedächtnis,
Random house; 전대호 옮김, 2017,《기억은 미래를 향한다》, 문예출판사.

40 자넷 윙의 논문에서 이 개념이 처음으로 제시된 뒤에 학계와 세간에서 공식적인 용
어처럼 사용되면서 널리 전파되었다. Wing, Jeanette M. (2006). Computational
thinking. Communications of the ACM. 49 (3), 33-35.

41 기호학자 그레마스(A.J. Greimas)가 민담, 전설, 신화, 소설 등의 이야기를 연구한
여러 학자의 이론을 종합하여 개발한 모형인데 모든 텍스트에 적용하기는 힘들지
만, 문학적 이야기에 적용하며 이해하는 데에는 상당한 도움을 준다.

42 루리아는 비고츠키의 제자로서 구성주의 이론의 맥을 이은 학자인데, 다음 책에 관
련 내용이 들어있다: Alexander R. Luria, 1962, Higher Cortical Functions in
Man. Moscow University Press.

43 James D. Williams, 1987, Covert linguistic behavior during writing tasks,
Written Communication, 4, 310-328.

44 안토니오 다마지오와 조지프 르두 같은 학자들의 저술에서 그런 설명을 쉽게 확인
할 수 있다.

주경복

프랑스 파리대학에서 언어소통 문제에 관한
연구로 박사학위를 받고 건국대 불어불문학과
교수로 재직하다가 커뮤니케이션학과를 신설
하여 인간의 소통 문제에 관해 강의하고 연구
했다. 미국 조지타운 대학과 메릴랜드 대학에
서 방문교수를 지냈다.

홈페이지 http://joupia.net

어린이 언어지능의 세계 뛰어난 언어능력의 소유자는 어떻게 탄생하는가
Copyright for text © 2024. 주영복 editing & design © 2024. ㈜도서출판 한울림

지은이 | 주경복
펴낸이 | 곽미순
편집 | 박미화
디자인 | 김민서

펴낸곳 | ㈜도서출판 한울림
편집 | 윤소라 이은파 박미화
디자인 | 김민서 이순영
마케팅 | 김영석
홍보 | 윤도경
출판등록 | 1980년 2월 14일(제2021-000318호)
주소 | 서울특별시 마포구 희우정로16길 21
대표전화 | 02-2635-1400
팩스 | 02-2635-1415
블로그 | blog.naver.com/hanulimkids
인스타그램 | www.instagram.com/hanulimkids

첫판 1쇄 펴낸날 | 2024년 11월 20일
ISBN 978-89-5827-151-2   03370